Originalausgabe

Skandal

Schule

Traumberuf Lehrer*in?!?

Schule mit dem Herz zu machen,
statt mit dem Kopf zu erdenken,
wird uns retten!

Inhalt

Vorwort:	*S.13*
Schule des Glücks	*S.14*
Wirtschaftsunterricht	*S.21*
Digitales Zeitalter. Digitale Schule.	*S.30*
Unsere Hauptaufgabe	*S.37*
Vorbild Lehrer*in	*S.42*
Warum!?!	*S.53*
Charakterschulung	*S.59*
Fünf Fronten Krieg	*S.66*
Traumberuf Lehrer*in	*S.77*
Die Quelle der Demokratien	*S.83*
Schule auf Augenhöhe	*S.92*
Erinnere dich!	*S.101*
Zukunftslicht	*S.107*

Aus vier Erkenntnissen heraus ist diese Arbeit geboren. Erstens: Das aktuelle Schulsystem macht die Jugend nicht ethisch fit genug, um für die Demokratie erfolgreich einstehen zu können. Zweitens: Es gibt den Kids nicht genug ökonomische Fähigkeiten mit, um auf dem Markt ernsthaft wirtschaftlich erfolgreich zu sein. Drittens: Es bringt ihnen nicht die richtigen Charaktereigenschaften bei, um emotional und psychisch unter schwierigen Stresssituationen mental gesund zu bleiben. Viertens: Der Lehrberuf kann wieder ein Traumberuf werden!

Vorwort

Ich schreibe dieses Buch, weil die deutsche Schule derzeit in einer Krise steckt. Oberflächlich gesehen besteht diese Krise im Fachkräftemangel und der schlechten Ausstattung, als auch den ständig steigenden Disziplinproblemen unter den Schülern und Schülerinnen (SuS). Aber das ist nur die äußere Erscheinung der aktuellen Bildungskatastrophe. Die wahren Probleme liegen tiefer.

Aus dieser Annahme heraus ergibt sich zwangsläufig die Sicht, dass die äußeren Probleme, wie der Fachkräftemangel und die schwierigen Verhaltensweisen der SuS, nur die Symptome sind. Dies führt zu der Schlussfolgerung, dass wenn die Ursachen gelöst werden, aus denen die Symptome entstehen, dass dann auch die Symptome verschwinden. Das ist analog zu jeder anderen Krankheit zu sehen. Dass unser Schulsystem krank ist, steht fest. Möglicherweise stehen wir sogar kurz vor einem Kollaps oder einer Triage. Denn das ist das derzeitige Bild unseres Schulsystems.

Nun ist das Schulsystem nicht irgendein Wirtschaftszweig oder Unternehmen. Es ist eine der Hauptsäulen unserer Gesellschaft. Es gibt kaum einen anderen Bereich, der für unser Land wichtiger ist. Probleme im Schulsystem werden logischerweise zu Problemen des gesamten Volkes werden. Deshalb ist es überfällig, dass wir alle uns hinsetzen und gemeinsam eine Lösung erarbeiten, um erstens aus der Krise herauszukommen und zweitens um ein Schulsystem zu begründen, dass unsere Kids glücklich, fähig und intelligent macht, um die Probleme der Zukunft zu meistern und damit sie eine heile Gesellschaft aufbauen können.

Schule des Glücks

Jede:r will glücklich sein. Das ist eine Binsenweisheit. Wenn mein kleines Baby schreit, dann weil es Hunger nach der Milch meiner Frau hat. Denn das Gefühl der Sättigung macht das Baby glücklich. Ganz einfach! Es macht auch uns glücklich, wenn wir sehen, wie es danach mit einem Lächeln einschläft.

Ich glaube, das ist das, was sich alle Eltern wünschen: Dass ihr(e) Kind(er) glücklich ist. Äußerlich unterscheiden sich die Formen, wie dieses Glück erreicht werden kann. Jetzt will mein Baby Milch, um glücklich zu sein. Das Kind von gegenüber will seinen Roller und die Teenager aus dem Block wollen mit ihren Freunden zu einer Party, weil heute Samstag ist. Was ihnen allen gemeinsam ist, ist das Gefühl des Glücks, das meiner Erfahrung nach für uns Menschen das Wichtigste im Leben ist.

Ist Glück wirklich das Wichtigste, dann stellt sich die Frage, warum es so wenig Platz im deutschen Schulsystem hat? Es wird selten direkt über Glück im Unterricht gesprochen; außer vielleicht auf eine intellektuelle, kognitiv-rationale Art im Ethikunterricht, die wenig hilfreich ist. Auch in den Rahmenlehrplänen findet sich Glück als Ziel, Maxime oder Prinzip der Unterrichtsgestaltung de facto gar nicht. Wie kann das sein? Wie kann etwas, dass so fundamental für jedes Kind ist, so wenig Beachtung finden?

Wir müssen uns als Volk wirklich fragen, wie es sein kann, dass die wichtigste Sache für Eltern; möglicherweise sogar die wichtigste Sache für alle Menschen; platt gesprochen das Glücklichsein; kaum einen Platz in unseren Schulen hat? Jedem Leser*in mit Herz wird hier klar werden, dass es Zeit ist, das schnellstens zu ändern. Wenn wir uns dann noch die steigenden Zahlen psychisch labiler Jugendlicher ansehen, dann wird klar, dass es endlich höchste Eisenbahn ist, dem Glücklichsein seinen verdienten Platz in unserem Schulalltag zu verschaffen.

Nach meiner Erfahrung als Lehrer ist die Mehrzahl der SuS unglücklich in der Schule. In manchen rebellischen Phasen habe ich schon mal den Lehrplan und die Vorgaben meiner Vorgesetzten ignoriert und gemacht, was ich instinktiv für das Richtige gehalten habe und Dinge getan, die sie glücklich machten. Es funktionierte: Die Kids waren dabei glücklich und vor allem waren sie auch danach glücklicher und lernten besser bei dem „vorgegebenen" Unterrichtsplan. Mir hat das bewiesen, dass Glück in der Schule möglich ist und dass Glück ein Antrieb ist, um langfristig bessere Leistungen zu erbringen.

In einer Studie habe ich gelesen, dass unser menschliches Gehirn ein hedonistisches Organ ist. D.h. es will Schmerz vermeiden und glückliche Zustände erlangen. Aus unserem Alltag wissen wir, dass da was dran sein muss. Nun ist es aber so, dass wenn die SuS in der Schule unglücklich sind, ihr Gehirn auch nicht versuchen wird, zu behalten, was es gelernt hat, schließlich ist es ein Hedonist und behält nur Dinge, die Spaß machen. Aber bringen wir unseren Kindern etwas bei fürs ganze Leben oder nur fürs Bestehen des Schulabschlusses? Ich denke, wir sollten ihnen etwas fürs Leben beibringen. Doch ein unglückliches SuS-Gehirn wird alles vergessen, was wir ihm in seiner Schulzeit beigebracht haben, eben weil es sich unbefriedigend angefühlt hat. Die Folgen sehen wir alle: Heutige Ausbildungsstätten und Unis beschweren sich darüber, dass wir Schulen ihnen immer mehr junge Menschen schicken, die kaum noch die einfachsten Kompetenzen beherrschen. Wenn ich mir die Berichte von Ausbildern durchlese, dann bin ich geschockt, wie tief wir als ehemalige Bildungsnation gefallen sind.

Was müssen wir tun, um das zu ändern? Erstmal müssen wir so ehrlich zu uns sein und uns eingestehen, dass es so nicht weiter gehen kann. Wir ziehen eine neue Generation heran, die immer unglücklicher und inkompetenter wird. Natürlich gilt das nur im Durchschnitt und es gibt viele, die super zufrieden und fähig sind. Doch der Teil, bei dem es nicht so ist, wird seit Jahren immer größer. Deshalb müssen wir uns meiner Meinung nach wieder auf das Wesentliche konzentrieren und das ist, unsere Jugend in den Schulen glücklich zu machen, damit sie mit Freude das Wissen, was wir ihnen dort geben, behalten und mit ins „echte" Leben tragen.

Was ist nun der Weg zum Glück? Diese Frage treibt Menschen seit dem Altertum an. Die Antworten sind zahlreich und kaum überschaubar. Das liegt jedoch daran, weil es zu sehr zu einem akademischen Diskurs geworden ist, der über die Köpfe der Menschen hinweggeführt wurde, anstatt mit ihnen zusammen praktisch die Antworten zu finden. Doch genau das wäre mein Ansatz. Denn die meisten Reformen und Lehrpläne der letzten Jahrzehnte sind an irgendwelchen Schreibtischen in den Unis und Ministerien von Menschen entworfen worden, die seit Jahren nicht das „Chaos" in den Schulen hautnah erlebt haben und wenn dann nur zu Kurzbesuchen. Das ist sicher ein Grund, warum sie alle scheiterten und uns in die Krise geführt haben.

Praktisch habe ich die Erfahrung gemacht, dass ein tieferes, gesetzteres Glücksgefühl mehr Zufriedenheit und psychische

Stabilität bringt als ein laut-hektisches. Wir Lehrer und Lehrerinnen (LuL) kennen alle die überdrehten Kids, die oft gigantische Freudenanfälle kriegen und dann wieder in ein Loch stürzen und extrem niedergeschlagen sind. Ich will das nicht verallgemeinern, doch ich habe erfahren, dass sie oft aus unruhigeren Elternhäusern kommen, in denen Stabilität fehlt. Stabilität mag jetzt langweilig klingen, aber es ist das, was meiner Erfahrung entspricht und das ist, dass Glück eine stabile Basis braucht, um wachsen zu können.

Mein Fazit ist, dass wir danach streben müssen, den SuS auf einer tieferen Ebene ein stabiles Glück zu ermöglichen. Dabei müssen wir zurückkommen zu Dingen wie Vertrauen und Verständnis. Mag das für viele Außenstehende banal klingen: Aber das aktuelle Konzept Schule plant für so etwas überhaupt keinen Zeitrahmen ein. Angesichts des ständigen Verwaltungsaufwandes, den wir LuL erfüllen müssen, ist es unmöglich, dies in der Regelarbeitszeit zu schaffen und die Möglichkeit zusätzlich private Zeit zu investieren, ist nicht gesund. Sehr viele Lehrkräfte tun das, aber das ist auch eine der Ursachen für die hohe Burn-Out-Rate unter LuL und nichts was ich gut heißen kann. Denn glückliche Schule impliziert auch, dass die Lehrer und Lehrerinnen glücklich sind und das geht nur ohne Überlastung und Ausbrennen. Deshalb müssen wir den Schulalltag schnellstens wieder so umgestalten, das der direkten Arbeit (inklusive der Arbeit mit den Einzelnen) wieder die meiste Zeit eingeräumt wird und nicht den zu vielen redundanten Aktivitäten, die keinen Mehrwert für die SuS haben.

Mobbing ist ein ausuferndes Problem geworden. In Maßen hat es das sicher immer gegeben, doch heutzutage – ich bin Lehrkraft in Berlin – hat es Formen angenommen, die krank machen. Die Schule des Glücks muss damit beginnen eine Schulgemeinschaft zu schaffen ohne permanente psychische Attacken. Dazu gibt es extrem viele Methoden und Ideen. Ich erinnere mich gern an zwei Sozialarbeiter*, die mit uns „soziales Lernen" durchgeführt haben und wie gut es dem Klassengefühl tat. Seit damals habe ich an drei weiteren Schulen gearbeitet und herausgefunden, dass solche Ansätze noch immer die Ausnahme sind. Die „Führungsebene" will viel zu wenig in diese Wege investieren. Ihnen geht es um die Bildungsarbeit. Diese stellen sie über alles. Doch damit betrachten sie nur einen Teil des Bildes. Es gelingt ihnen nicht das große Ganze zu erfassen und die Konsequenz ist, dass die SuS zunehmend Verhaltensauffälliger und aus dieser Folge heraus inkompetenter werden. Diese Defizite treten nicht nur in den „höheren Disziplinen" auf, sondern sie zeigen sich längst auch in der basalen Sprachkompetenz und dem grundlegenden Rechnen. Das ist nicht verwunderlich: Jugendliche, die an einem Ort sind, an dem sie ständig mit psychischen Attacken umgehen müssen, haben wenig Zeit, sich aufs Lernen zu konzentrieren.

Die Dunkelziffer an Jugendlichen, die heutzutage die Schule traumatisiert verlassen, ist sicher im zweistelligen Prozentanteil. Das sind junge Menschen, die durch die Umgangsformen als auch das System Schule direkt ein Trauma erlebt haben. Jedes halbwegs gesunde Elternteil muss sich mittlerweile Sorgen machen, dass ihr Kind durch die Schule traumatisiert wird. Tacheles gesprochen, weiß das das ganze Land und dennoch wird psychische Gesundheit nicht zu einem Schwerpunkt gemacht.

Auf meiner Suche nach dem Geheimnis des Glücks muss ich zugeben, dass ich auf eine große Menge Literatur zurückgegriffen habe. Überraschenderweise waren die Buddhisten, die die sich am meisten schriftstellerisch zum Thema Glück ausgelassen haben. Was ich für mich mitgenommen habe, ist, dass es bestimmte ethische Regeln sind, welche die Ursachen begründen, aus denen heraus langanhaltendes Glück entsteht. Als Lehrer sprach mich das sofort an. Aber es warf auch die Frage auf, warum es bisher in unserem Volk so wenig mit dem Glück funktioniert hat? Wir Deutschen sind doch dafür bekannt, dass wir geradezu versessen auf Regeln sind; nur wir sind nicht dafür bekannt, besonders glücklich zu sein.

Der Grund ist, dass wir Deutschen bisher leider nicht den Unterschied zwischen ethischem Verhalten und sozialen Konventionen verstanden haben. Wir sind Weltmeister darin, die sozialen Konventionen zu erfüllen. Die dunkle braune Ära des Faschismus singt ein trauriges Lied davon. Doch soziale Konventionen müssen nicht ethisch sein; tatsächlich können soziale Konventionen das genaue Gegenteil jenes ethischen Verhaltens sein, welches zu Glück führt.

Ethik, Tugenden oder Moral – das Wort dafür spielt letztendlich keine echte Rolle – sind nach diesen Büchern jene Verhaltensweisen, die glücklich machen. Diese einfache Definition hat mich echt abgeholt. Schwerpunktmäßig ging es in diesen Büchern um langfristiges und beständiges Glück; doch keineswegs im Gegensatz zu kurzfristigem Spaß und Freude.

Wie bringen wir nun aber Wissen aus Büchern in unsere Klassen. Der traditionelle Weg, den das Fach Ethik auch geht, ist sie selbst die Texte lesen zu lassen. Das scheint mir aktuell nicht sehr erfolgreich zu verlaufen. Ein anderer Weg wäre die Praxis. Wir müssten also bewusst mehr Zeiträume schaffen, in denen praktische Ethik ausprobiert werden kann. Die Möglichkeiten dafür sind endlos: helfen im Altenheim oder Tierheim, Müll oder Spenden sammeln. Und dann müssen wir gucken, ob die Kids davon glücklicher werden. Ich habe es ausprobiert und es hat funktioniert. Meine Klasse versammelte sich an einem der dreckigen Abschnitte eines der Stadtflüsse und wir haben ihn gereinigt. Es hat das Gemeinschaftsgefühl gestärkt, das Gefühl der Selbstwirksamkeit; aber noch viel wichtiger: Die Kids kamen sich näher als bei der Arbeit mit Buch, Whiteboard oder Hefter und sie hatten Spaß zusammen.

Zurück zum Anfang: nämlich zur Überschrift. Es geht mir überhaupt nicht darum, für ein bisschen mehr Freiraum für Glück, Spaß und Spiel zu kämpfen, während ansonsten weiter der bürgerliche Bildungskanon eingetrichtert wird. Sondern es geht mir um eine komplette Neuausrichtung hin zum Glück. Jedes Elternteil soll sich doch bitte fragen, wie wichtig ist ihm oder ihr oder welches Geschlecht auch immer das Glück ihres Kindes? Bei mir ist es Platz eins und ich vermute bei fast allen Eltern und Erwachsenen des Landes ist es so. Warum können wir dann nicht unsere veraltete und für die heutige Zeit immer weniger nutzbare Vorstellung von Bildung über den Haufen werfen und uns in der Schule auf das fokussieren, was am wichtigsten ist: das Glück unserer Kinder?

Wirtschaftsunterricht

Immer mehr SuS fragen, wozu sie dies oder das, was wir im Unterricht machen, später brauchen. Wir LuL werden immer schlechter darin, Ausreden zu erfinden. Fakt ist: Später im Leben müssen die Kids finanziell erfolgreich sein. Verurteilt mich nicht als Ketzer, aber ich stimme einem großen Teil der Bevölkerung zu, dass die Inhalte, die wir derzeit in der Schule vermitteln, nicht ausreichen, um später finanziell erfolgreich sein zu können. Weder reichen sie als Grundlage für eine große Karriere, noch reicht das Wissen, um sicher Kapitalerträge zu erwirtschaften. Beides wäre jedoch die Grundvoraussetzung, falls wir als Schule weiter behaupten wollen, dass wir die SuS aufs Leben vorbereiten.

Wenn ich mich als Lehrkraft frage, was ich tun muss, damit die Kids später erfolgreich sind, dann kann ich nur den Schluss ziehen, dass ich für einen Wirtschaftsunterricht als Hauptfach kämpfen muss. Aktuell haben wir so etwas nicht. Wir haben Fächer wie WAT, ATW oder Arbeitslehre (das sind die verschiedenen Namen für ein uns dasselbe Fach in den verschiedenen Bundesländern). Ich habe das sogar studiert. Doch was in diesen Fächern unterrichtet wird, ist ein ökonomischer Witz. Ich habe mich in den letzten Jahren ernsthaft mit der Wirtschaft beschäftigt und ich kann nur zu dem Schluss kommen, dass die Dozent*innen, die ich an den Unis hatte, keine umfassende Ahnung von Ökonomie haben, genauso wenig sind sie sich bewusst, was die Jugend braucht, um sich eine gute finanzielle Zukunft aufbauen zu können.

Wirtschaft ist toll und Wirtschaft ist lebenswichtig. Die Kids müssen später Geld verdienen. Am besten möglichst viel. Es gibt so etwas wie finanzielle Bildung und genau die bereitet darauf vor, später im Leben finanziell erfolgreich zu sein. Goethes junger Werther oder die Kurvenberechnung helfen dabei nicht und selbst ich frage mich bis heute, wozu ich das im Leben brauchte, außer vielleicht um Mitglied des bürgerlichen Bildungsbürgerkanons sein zu können. Was ich gebraucht hätte, wären Spar- und Investitionsstrategien. Es hätte mir deutlich mehr geholfen, wenn sie mir in Mathe den Effekt des Zinseszinses beim Anlegen praktisch verständlich gemacht hätten, als alles was ich in der zwölften Klasse in Mathe gelernt habe. Das gleiche gilt für die SuS von heute.

Ich glaube wirklich, der Wirtschaftsunterricht muss nach dem demokratischen Ethikunterricht das wichtigste Fach in unseren Schulen werden. Das ist einfach der Relevanz geschuldet, die die Wirtschaft für das gesamte Leben unserer Kinder haben wird. Sie leben in einer Marktwirtschaft und müssen sich später auf dem Markt behaupten. Wenn ihnen niemand jemals beibringt, wie das geht, wie sollen sie es dann schaffen? Aber ist das nicht der Zweck der Schule: Die Jugend fürs Leben fit zu machen?

Ich glaube, wir haben ein großes Problem. Während wir in einer wirtschaftlich instabilen Zeit mit großer Volatilität leben, bekommen die LuL davon wenig mit, da sie durch ihre Anstellung bei Vater Staat abgesichert sind. Das ist schön und freut mich sehr. Leider versperrt es den Blick auf die Realität jener Menschen, die nicht in staatliche Watte gepackt, ihr Leben finanziell meistern müssen. Um im Leben erfolgreich in dieser Gesellschaft sein zu können, braucht es ein enormes Maß an finanzieller Bildung. Solange wir in den Schulen den Kids diese Bildung nicht mitgeben, solange können wir LuL nicht behaupten, dass wir die Jugendlichen aufs Leben vorbereiten!

Eine Schule, die an den Reala ihrer Zeit vorbei erzieht, wird niemals ernste Wertschätzung aus der Bevölkerung erfahren. Mit Recht wie ich finde. Derzeit wirkt es so, als ob die Sympathien in der Gesellschaft für das Schulsystem auf einem historischen Tiefpunkt sind seit der Einführung der Volksschulpflicht durch den alten Fritz. Obwohl wir alle das spüren, hat sich noch immer keine Bewegung formiert, die daran etwas ändern will. Ich denke, diese Bewegung könnte der Wirtschaftsunterricht als neues und bedeutendstes Pflicht- und Hauptfach sein.

Wir leben in einer sozialen Marktwirtschaft, manche haben es Rheinischen Kapitalismus getauft. Kurz gesagt: Wir befinden uns auf einem Markt. Wir alle müssen dort unsere Fähigkeiten verkaufen, im besonderen unsere Arbeitskraft. Selbst innerhalb der Schule ist das nicht anders, denn die SuS müssen ihre Fähigkeiten verkaufen, um gute Zensuren zu erlangen. Die Rahmenbedingungen sind also klar. Was vielen nicht klar ist, ist, dass die Ursache für das Erlangen oder Anhäufen von Vermögen eben nicht in reinem Erben geschehen. Das ist ein Vorurteil. Ein erheblicher Teil der vermögenden Leute hat es geschafft durch ein Mehr an finanziellem Wissen und ökonomisch besserem Handeln. Das ist die Realität, die sich nach meiner Recherche aus den Statistiken ablesen lässt.

Die Herkunft ist demnach weit weniger entscheidend für den späteren Wohlstand als die richtige Art von Wissen und Können. Bezogen auf den Markt, auf dem wir uns alle befinden, wären das marktwirtschaftliche Fähigkeiten. Ein junger Mensch kommt auf den Markt und muss sich dort behaupten. Wenn er in der Schule nichts über Marketing gelernt hat, ist er jedem anderen unterlegen, der dies von

Eltern, Freunden oder Büchern gelernt hat. Aber die Schule hat sich nun mal die Aufgabe gestellt, durch Bildung soziale Gerechtigkeit zu schaffen. Nur ist eben nicht jede Form von Bildung dazu im Stande. So schön die deutschen Klassiker und das Periodensystem sind; es handelt sich dabei nicht um Wissen, welches primär in der Marktwirtschaft zu sozialem Erfolg verhilft. Diese Inhalte haben nicht die Kraft zur sozialen Gerechtigkeit beizutragen. Jedoch gibt es Wissen, das dazu in der Lage ist. Das wäre unter anderem das eben genannte ökonomische Wissen oder die finanzielle Bildung.

Also was muss genau passieren, damit unsere Jugend wirtschaftlich fit ins Leben starten kann? Sie müssen lernen, wie der Markt funktioniert. Sie müssen in komplexen Lernspielen üben, wie sie sich auf dem Markt zu verhalten haben und verschiedene Strategien ökonomischen Handelns erproben. Wir müssen ihnen beibringen, wie es geht, sicher zu investieren. Neben dem Wissen über das Leben als Angestellte oder Beamte müssen wir ihnen auch beibringen, wie es geht, ein Unternehmen zu gründen oder wie sie erfolgreich in die Selbstständigkeit ihres Traumjobs starten können. Zusätzlich können wir ihnen die Geschichte der Wirtschaft und die Stufen ihrer Entwicklung erklären. Auch kann es sehr interessant sein, ihnen die Komplexität des Weltmarktes zu erklären und ihnen ersichtlich zu machen, wie der Kreislauf der verschiedenen Produkte ist. Im Zuge des Klimawandels kann dies zentral unter dem Schwerpunkt Nachhaltigkeit geschehen. Daneben gibt es noch hunderte weitere ökonomische Fragestellungen, die behandelt werden können.

Da die Relevanz von Kapitalerträgen rasant wächst, müssen wir ihnen auch das effiziente Investieren beibringen.

Jugendliche sollten wissen, welche Klassen von Assets es gibt und wie sie finanziell mit ihnen umgehen müssen, um Gewinn zu erwirtschaften. Dies kann ganz basal starten und sich dann in der Oberstufe bis zu komplexeren Themen wie Termingeschäften, Leerverkäufen und ähnlichem vertiefen. Spannend könnten Kids sicher auch das Basteln eigener Blockchains finden. Wozu natürlich das Knowhow der LuL und die technische Ausstattung eine Voraussetzung sind. Warum nicht einfach schulintern eine eigene Blockchain als Bezahlsystem realisieren?

Ein weiterer Schwerpunkt kann Marketing sein. Es gibt die Notwendigkeit der Selbstvermarktung. Das beginnt bei der Bewerbung, wo die SuS lernen, Bewerbungsmappen, Videos und Selbstpräsentationen zu erstellen. Wo sie aber auch üben schwere Assessment-Center oder Aufnahmetests für Unis oder ähnlichem zu meistern. Des weiteren geht es ums Marketing in seiner weiten Bedeutung, angefangen bei der Werbung über komplexe Werbestrategien bis hin zur Akquise von Neukunden und der Bestandspflege eines bestehenden Kundenstocks.

In meiner letzten Klasse habe ich insgesamt vier Fächer unterrichtet. In jedem einzelnen Fach habe ich immer wieder Schwerpunkte auf die ökonomischen Fragestellungen jedes Faches gelegt. Die erste Erfahrung, die ich gemacht habe, ist, dass Jugendliche großes Interesse an diesen Themen haben. Obwohl es sich zu der Zeit um eine sechste Klasse handelte, waren sie sich alle bewusst, wie wichtig diese Dinge für ihr ganzes Leben sind. Bereits diese Sechstklässler wissen, dass sie das brauchen, falls sie später Erfolg haben wollen.

Die zweite Erfahrung war, wie gut sich ökonomische Schwerpunkte in diese Fächer integrieren lassen haben. Für

WAT (=Wirtschaft Arbeit Technik) und Geschichte ist das noch ersichtlich. Doch die anderen beiden Fächer waren Kunst und Musik. Auch dort ließen sich wunderbar ökonomische Schwerpunkte einflechten, die fantastisch in das Fach als auch den Lebensweltbezug der Kids gepasst haben.

Schüler und Schülerinnen sind sich der Bedeutung von Geld bewusster, als wir Erwachsene uns das eingestehen wollen. Wie tragisch es ist, dass wir ihnen so wenig darüber beibringen, will ich an dem Beispiel eines Jungen zeigen. Mit diesem war ich über viele Wochen im Gespräch, so dass sich eine Tiefe und Offenheit in der Kommunikation entwickelte. Wie er mir gestand, wollte er dringend mehr Geld und deshalb plante er ernsthaft, Kupferkabel zu stehlen, um mit dem Verkauf Geld zu verdienen.

Dass ich ihm davon abriet, ist selbstverständlich. Aber darauf will ich gar nicht hinaus. Wir haben hier einen jungen Mann von circa sechzehn Jahren. Der braucht Geld, aber er hat keine Ahnung, wie er an welches kommen soll. Deshalb entschließt er sich, einen kriminellen Versuch zu starten, weil irgendwelche Kumpels, das mal erwähnt hatten. Hätte Schule ihm intensiv beigebracht, wie viele Möglichkeiten es gibt, als sechzehnjähriger Geld zu verdienen, dann hätte er sicher andere Pläne geschmiedet. Tatsächlich gibt es sehr viele Möglichkeiten, die weit über die raren Aushilfsjobs und Zeitungsverteileraufträge hinausgehen. Doch dieses Wissen hat ihm und den Jugendlichen im Rest der Republik leider niemand in der Schule beigebracht. Wie können wir uns als Schule da noch in die Augen sehen?

Es ist wahr, dass ein Hauptfach Wirtschaft im Verhältnis zu allen anderen bestehenden Fächern einen höheren Mehrwert vermitteln würde. Angesichts der extrem hohen Bedeutung der Ökonomie für das Leben in unserer Gesellschaft spricht das noch mehr für die schnellstmögliche Einführung des Wirtschaftsunterrichts als Hauptfach in unseren Schulen. Natürlich geht es dabei nicht darum, den anderen Fächern zuzuarbeiten und die jeweilige ökonomische Dimension aufzuzeigen. Denn Ökonomie als Unterrichtsfach hat einen ganz eigenen Schwerpunkt, der von keinem anderen Fach abgedeckt werden kann; wie die Praxis zeigt auch nicht von einem Mischfach wie WAT/ Arbeitslehre.

Inhalt des Wirtschaftsunterrichts ist die finanzielle Bildung. Was müssen die Kids können, um später maximal viel Geld (auf anständige Weise) zu verdienen? Diese Fragestellung ist das Zentrum des Wirtschaftsunterrichts. Die Antworten sind nahezu grenzenlos und sie werden immer komplexer. Auch weil der Verkauf der Arbeitskraft in den letzten Jahren im Vergleich zum Gewinn aus Kapitalerträgen, wozu etwa der Aktienhandel, Termingeschäfte und viele viele weitere Investitionsmöglichkeiten zählen, immer mehr an Bedeutung verliert.

Die wichtigsten Zugpferde unserer Wirtschaft sind die Unternehmen. Viele Unternehmen weisen Ähnlichkeiten auf. Die einzelnen Teile eines Unternehmens sollten schematisch durchleuchtet und in Lernspielen nachgebildet werden. Natürlich gibt es erhebliche Unterschiede zwischen einem Großunternehmen und einem kleinen Handwerksbetrieb. Zentrale Aufgaben wie Vertrieb, Buchhaltung, Marketing, Kundenakquise und Mitarbeiterführung gibt es jedoch in beiden Formen. Junge Menschen sollten die Schule verlassen und in jedem dieser Bereiche umfangreiches Wissen und einsetzbare Handlungskompetenzen besitzen.

Die These ist einfach: Langfristige Armut ist die Folge mangelnder finanzieller Bildung. Positiv formuliert: Die richtige finanzielle Bildung ist die Ursache für späteren Wohlstand. Auch ich bin einst in eine Sackgasse gelaufen. Seit frühester Kindheit habe ich Bücher über Wirtschaft gelesen. Nun stamme ich aus der ehemaligen DDR. Die gesamte ökonomische Literatur meines Umfeldes war kommunistisch und damit, um ehrlich zu sein, sinnloser Schwachsinn für Narren. Erst mit fast vierzig ist mir klar geworden, dass diese unzureichende finanzielle Bildung ein Hauptgrund für mein nicht ausreichendes Vermögen ist. Erst da habe ich begonnen, umzulernen und halte bis heute daran fest, mir immer mehr marktwirtschaftliches Verstehen zu erarbeiten. Ich kann hier auch als Zeuge oder Testimonial sagen, dass dieses ökonomische Wissen zu erwerben, Spaß macht und spannend ist.

Aktuell erleben wir das Erodieren des Mittelstandes und das Entstehen eines immer größeren Prekariats. Das ist daher bemerkenswert, da unser Land für viele Jahrzehnte dafür berühmt war, dass die Schere zwischen arm und reich sehr moderat war und wir eine Mittelschicht hatten, die zentraler Träger der Demokratie war (und immer noch ist). Wenn wir das im Kontext unserer These sehen, dass die Ursache für die negative, wirtschaftliche Entwicklung eines Großteils des Demos in der mangelnden finanziellen Bildung zu finden ist; dann ist das Fazit für uns aus dieser negativen Entwicklung kurz gesagt: Die Schule ist Schuld, weil sie dem breiten Demos nicht genug finanzielle Bildung vermittelt hat.

Die staatliche Schule ist die Basis unserer Demokratie. Wenn es ihr nicht gelingt, dem Großteil des Volkes die Fähigkeiten mitzugeben, im Leben erfolgreich zu sein, dann gefährdet sie durch ihr Versagen die Demokratie. Wie real das ist, wissen wir seit der Corona-Krise und dem Netz fanatischer Verschwörungstheoretiker, welches leider seitdem enorm gewachsen ist. Denn was ist die Ursache dafür, solch einer Bewegungen beizutreten, wenn nicht der mangelnde Erfolg im Leben. Wie dramatisch das werden kann, zeigt uns die faschistische Ära. Es ist also höchste Eisenbahn für eine Kehrtwende!

Welches Fach kann von sich behaupten, eine Grundlage zu schaffen, auf welcher der gesamtgesellschaftliche Wohlstand gesteigert werden kann? Keines kann das außer dem Fach Wirtschaft. Dieser Wahrheit muss sich die Politik endlich stellen. Bisher gibt es in unserer Schullandschaft keinerlei ernstzunehmenden Wirtschaftsunterricht. Das was wir haben, ist eine Beleidigung und ein Witz für eine führende Wirtschaftsmacht und eine Gefahr für unsere ökonomische Zukunft. Ich prophezeie, dass wenn wir nicht schnellstens dieses Defizit ausgleichen, dann wird es den nächsten Generationen deutlich schlechter gehen als der jetzigen und unser ökonomischer Erfolg als Wirtschaftsmacht steht auf dem Spiel.

Schon jetzt fehlen uns in Deutschland und der EU genug innovative Unternehmen, um auf dem Weltmarkt mithalten zu können. Wir müssen bereit sein, unsere Jugend darauf einzustellen, dass sie diesen Zustand wieder ändern muss. Im Zeitalter der industriellen Revolution wurde Europa zur fortschrittlichsten und innovativsten Region der Erde. Dies betraf vor allem West- und Mitteleuropa. Bis heute profitiert unser Kontinent von dieser Zeit. Derzeit verlieren wir leider immer mehr innovatives Potential im Vergleich zu anderen Weltregionen. Unser ökonomisches Momentum steht zur

Disposition. Dieser Zustand ist sehr dramatisch und könnte weitreichende Folgen haben. Auch deshalb müssen wir besser gestern als heute das Fach Wirtschaft zum Zentrum unserer Schulen machen!

Wir müssen ehrlich sein und zugeben: Auf der Grundlage der Inhalte, die wir heute in der Schule auf Anweisung der Rahmenlehrpläne vermitteln müssen, können wir LuL nicht behaupten, dass wir unsere Jugend adäquat aufs Leben vorbereiten. Die ökonomischen Lektionen sind so rar gesät und die Bedeutung der Ökonomie gleichzeitig so gigantisch groß, dass wir das einfach nicht behaupten können, weil wir uns sonst lächerlich machen würden. Mit der Einführung des Hauptfaches Wirtschaft oder Ökonomie und dem Markt entsprechenden Lehrinhalten würde sich das ändern. Dann würde den SuS wirklich ein Basis mitgegeben, auf der sie eine finanziell erfolgreiche Zukunft aufbauen und ein echtes selbstbestimmtes Leben gestalten können.

Digitales Zeitalter. Digitale Schule.

Meine Ausbildung war noch echt oldschool mit Kreide, OH-Projektoren und Folien und weil es selten genug Bücher gab: endlos vielen Kopien. Doch langsam merke ich, wie neue Techniken in die Schule einziehen. Genauso wie ich merke, dass es planlos und wenig effizient passiert. Dabei stellen wir alle fest, dass trotz des Einzugs neuer Medientechnologien unsere Kids doch nicht wie erhofft klüger werden, sondern der Kompetenzverlust weiter fortschreitet.

Die jüngste Entwicklung war ChatGPT mit der wohl zukunftsweisendsten Technologie AI. Die große Sorge des Schulsystems war sofort, dass damit massenhaft in den Tests betrogen werden könnte. Genau das zeigt die Denkfehler des Schulsystems im Umgang mit neuen Techniken. Es hat eine defizitäre Einstellung. Vielmehr sollten wir den Blick auf die Vorteile der neuen Entwicklung werfen. Doch leider ist bei uns im Land die Angst vor technischen Entwicklungen weiter verbreitet, als die Hoffnung durch sie Verbesserungen zu bewirken. Das ist erschreckend und gefährlich! War es nicht Deutschland, dass im Zuge der Industrialisierung groß geworden ist, weil es so aufgeschlossen für die neuesten technische Innovationen gewesen war? Wir haben in vielen technischen Disziplinen Standards gesetzt und die Weltspitze angeführt. Diese kleinliche, von Angst bestimmte Haltung, die wir heute nicht nur im Schulsystem gegenüber jedem technischen Fortschritt zeigen, ist wider unsere Natur.

Die digitale Welt bietet mehr Möglichkeiten Schule zu verbessern, als alles bisher dagewesene. Leider haben wir bis jetzt nichts daraus gemacht. Ich habe mich einige Zeit damit befasst und muss sagen, dass es nicht so schwer wäre, staatliche Lern-Apps zu programmieren, die die basalen Kompetenzen der SuS trainieren und einfach abprüfen könnten. Ebenso könnte der Verwaltungsaufwand durch sie extrem verringert werden. Nur bisher gibt es vom Staat de facto keine ernstzunehmende Initiative, die die zahlreichen Möglichkeiten der digitalen Technik nutzbar macht. Das ein Armutszeugnis zu nennen, wäre untertrieben.

Mit ein paar kompetenten Programmierern würde es kein Jahr kosten, eine App für die Hauptfächer bis Klasse acht zu programmieren, mit der alle wesentliche Kompetenzen gemessen und bewertet werden könnten. Denn das ist gar nicht so schwer. Ich glaube sogar, dass es so einzurichten wäre, dass damit valide geprüft und somit auch automatisch zensiert werden könnte. Die Ministerien haben bisher keinen Schritt unternommen, digitale Plattformen zu launchen, um das Bildungsniveau zu stabilisieren. Für uns LuL bringt die Digitalisierung bisher nur Mehrarbeit statt Reduktion; das beginnt damit, dass wir jetzt einen Großteil doppelt dokumentieren müssen, einmal in Papierform, ein zweites Mal digital.

Ich glaube, es wäre rechtlich und technisch möglich Handys so einzustellen, dass sie mit Hilfe von Sensoren, Wifi-Netzen oder was auch immer auf dem Schulgelände nur bestimmte Aktionen erlauben würden. Unterricht könnte so durch digitale Angebote über das Handy und Tablets abgehalten werden. Das ganze Schulgelände würde dadurch endlich zum Lernraum werden. Aber das ist nur ein Traum. Worüber Schule diskutiert, ist das Handyverbot. Die einen wollen es ganz aus der Schule, die anderen nur aus dem Unterricht verbannen. Beides ist ein Armutszeugnis und zeigt die Weltfremdheit deutscher Schulmacher*.

Es muss doch möglich sein, dass Internet zu blockieren und ein Schulinternes Intranet zu starten, in dem kontrolliert wird, was und wann die Kids tun. Dann könnte das Handy dauerhaft zum Lernen genutzt werden. Das Problem ist, dass das Schulsystem schwerfällig konzipiert ist: Selbst wenn es diese technischen Voraussetzungen gäbe, würde es ein Jahrzehnt dauern, bis sie in der Schule einigermaßen etabliert wären. Das entspricht der Geschwindigkeit der technischen Entwicklung der aktuellen Schullandschaft. Doch die Wahrheit ist: Wenn diese Standards dann etabliert sind, hat sich die technisch-digitale Welt schon auf das nächste Level weiterentwickelt. Also wäre Schule wieder nicht am Zahn der Zeit und würde die SuS auch nicht auf die Realität adäquat vorbereiten.

Zurück zu unserer Wirklichkeit: Unsere Kids müssen sich beruflich in einer hochtechnisierte Welt behaupten. Wenn ihnen Schule nicht den Umgang (ich meine explizit den Umgang, nicht nur den Konsum von diversen YouTube Lernvideos) mit den technischen Geräten beibringt, dann werden sie auf dem Markt nicht erfolgreich konkurrieren können. Doch es ist die zentrale Aufgabe der Schule, sie beruflich fit zu machen. Deshalb muss sich etwas ändern! Am besten beleben wir den Geist der Technikversessenheit wieder, der unsere Vorfahren wie Carl Benz, Konrad Zuse, Robert Koch oder Conrad Röntgen angetrieben hat. Diese Pioniere waren Technik versessen. Sie prägten mit ihrem Tun das Bild Deutschlands für Jahrzehnte. Konrad Zuse etwa entwickelte den ersten anerkannten echten Computer. Wo stehen wir Deutschen heute bei der Innovation technischer Geräte?

In der Wirtschaftswelt gibt es den wunderbaren Begriff des Momentums. Die Wirtschaft unseres Landes zeigte in den letzten Jahrzehnten ein gutes Momentum. Die Gründe dafür sind zahlreich und vielfältig. Die nachkommende Generation könnte dieses Momentum verlieren, wenn sie nicht dazu ausgebildet wird, mit den neuesten, technischen Standards der Weltökonomie mitzuhalten. Wir entlassen derzeit unsere Jugend ohne diese Fähigkeiten. Andere Staaten leisten hier deutlich mehr. Deren Unterricht ist multi-digital und die SuS arbeiten dort mit der digitalen Technik nicht nur als bloße Konsumenten, sondern als aktive Nutzer, Gestalterinnen und Innovator*innen. Wird unsere Jugend mit ihnen auf dem Weltmarkt mithalten können, wenn wir sie nicht endlich genauso digital fit machen?

Digitaler Unterricht muss immer mehr sein, als das bloße Konsumieren von digitalen Medieninhalten und das Nutzen solcher Medieninhalte auf die gleiche Art und Weise, wie wir früher Bücher und Arbeitsblätter benutzt haben. Ich darf hier garantieren, dass die gesamte Lehrerschaft* dazu bereit wäre. Doch es fehlen die Rahmenbedingungen. Ohne diese kann selbst der motivierteste LuL nichts erreichen.

Im digitalen Unterricht steckt das Potential, endlich von dem Unterricht wegzukommen, in dem die SuS überwiegend passiv Wissen aufnehmen und stattdessen hinzukommen zu einem Unterricht, in dem die SuS permanent aktiv sind. Alles was wir dazu brauchen sind Smartphones und Tablets und digitales Material, dass die SuS durch den Lernstoff führt. Es gibt längst kommerzielle Plattformen als auch kostenlosen Content auf den Social Media Plattformen, die dies leisten könnten. Weshalb sind die Schulämter, der Senat oder die Ministerien nicht in der Lage ein solches Lernprogramm (Bundes)Land-übergreifend zur Verfügung zu stellen? Das ist doch nicht schwer. Selbst ich könnte das mit genug Zeit. Also worauf warten die Verantwortlichen?

Wir sind in einem neuen Zeitalter, deshalb brauchen wir eine neue Schule. Der alte Bildungskanon hat längst seine Bedeutung verloren, weil sich mittlerweile das Weltwissen in immer kürzeren Abständen verdoppelt. Zugleich entstehen immer neue Technologien mit disruptiven Wirkungen auf unsere Gesellschaft. Falls wir unseren Kindern noch in die Augen sehen wollen, dann müssen wir eine Schule schaffen, die sie auf diese Welt vorbereitet. Denn ansonsten lassen wir sie ins offene Messer einer Welt laufen, auf die sie nicht vorbereitet sind. Ich kann das mit meinem Gewissen nicht vereinbaren. Könnt ihr es?

Der Computer, das Internet, Robotik und KI/AI haben die Welt komplett verändert und werden damit nicht aufhören. Meiner Meinung nach überwiegen die Chancen darin die Gefahren. Das setzt jedoch eine reflektierte Nutzung voraus. Wo sollen junge Menschen diese lernen, wenn nicht in der Schule? Aktuell hat sich Schule das Ziel gesetzt, dieses Bewusstsein zu vermitteln. Wer allerdings in den letzten Jahren in einer staatlichen Schule gewesen ist (ich komme aus dem Großraum Berlin), der weiß, dass Schule Lichtjahre davon entfernt ist, das zu realisieren.

Die Möglichkeiten sind gigantisch. Es beginnt bei einfachen Lernvideos mit digitalen Arbeitsblättern, die im Multiple-Choice Verfahren bearbeitet werden und sofort danach bewertet und zensiert werden können. Es geht über die Fähigkeit online gemeinsam Texte zu schreiben. Gruppen können gebildet werden, die auf einer Plattform zusammen einen Roman oder ein Theaterstück schreiben. Dasselbe geht mit Musikstücken in einer Online-DAW. Im Kunstbereich ist digital Drawing längst der Standard. Mit Tablets können die zukünftigen Kunstprojekte erstellt oder sogar kleine Filme animiert werden. Mithilfe guter Tutorials ist das super easy. Um ehrlich zu sein, muss man sagen, dass wenn nicht spätestens ab Klassenstufe Neun im Musikunterricht die DAW und im Kunstunterricht das digital Drawing das Zentrum des Unterrichts sind, dann handelt es sich um keinen adäquaten Fachunterricht mehr. Ähnliches gilt sicher für die anderen Fächer auch. Es wird Zeit, dass wir diese Standards erfüllen.

Eine Plattform kann SuS verschiedener Schulen vernetzen. So können Lerntandems etwa in Mathe gebildet werden und per Videocall könnten während der regulären Unterrichtszeit SuS aus ganz verschiedenen Schulen in einer Arbeitsgruppe arbeiten. Der Online-Markt boomt. Auch unsere SuS können sich im Online-Marketing ausprobieren und Dienstleistungs- oder Coachingbusinesses aufbauen oder einfach nur einen online Flohmarkt aufziehen. Das sind nur ein paar Ideen. In Wahrheit sind es noch viele mehr, die darauf warten, in unseren Schulen realisiert zu werden.

Seien wir noch einmal kritisch: Ich weiß wirklich nicht, was in den Behörden schiefläuft? Mittlerweile haben die meisten Bundesländer eine allgemeine Verwaltungssoftware installiert um Noten und Fehlzeiten zu sammeln. Technisch gesehen, hätte das schon vor weit über einem Jahrzehnt landesweiter Standard sein müssen. Leider ist es noch immer so, dass die Arbeitsergonomie dabei stark zu wünschen übrig lässt, viele Sicherheitslücken überproportional häufig auftreten und oft zusätzlich alles in Papierform festgehalten werden muss. Die Frage, die sich doch das ganze Land stellt, ist, wieso eine führende Wirtschaftsnation so lange braucht, um solche Standards zu erreichen? Und die zweite Feststellung die wir alle verstehen müssen, ist, dass ein Unternehmen, welches im privatwirtschaftlichen Sektor so arbeitet, längst bankrott gegangen wäre. Die Schule kann nicht bankrott gehen. Was aber passieren kann, ist, dass die Schule junge Menschen zur Unfähigkeit erzieht. Die Rückmeldungen der Unis und Ausbildungsstätten verraten uns, dass genau das aktuell im großen Maßstab passiert.

Weg von der knappen Kritik hin zu den positiven Dingen des neuen digitalen Zeitalters. Die heutigen Kinder erwartet eine Welt in der AI, Robotik und Digitales alles sein werden. Sie werden Zugang zu mehr Wissen haben, als die Menschen vergangener Zeitalter je für möglich gehalten hätten. Ihre Möglichkeiten steigen ins Unermessliche. Die digitale Welt ist eine bunte Spielwiese und unsere Jugend hat Glück, dass sie diese tolle Welt entdecken kann.

Unsere Aufgabe als Erwachsene, besonders wenn wir LuLs sind, ist ihnen die Fähigkeiten beizubringen, um die digitale Welt maximal durch aktive Teilnahme genießen zu können und das auf eine reflektierte und selbstbestimmte Art. Diese Aufgabe hat die Schule von heute und sie muss sie endlich ernster nehmen. Es ist keine Nebensächlichkeit, sondern die Hauptaufgabe jeder zeitgemäßen Schule. Lasst uns als Schule endlich den Schritt ins digitale Zeitalter gehen. Sei es mit der DAW in Musik, dem Digital Drawing in Kunst, Online Contests in Mathe oder einer künstlichen Online-Börse, die Schulen einer ganzen Region vernetzt und den Jugendlichen realitätsnah und spielerisch den Kapitalmarkt verständlich macht.

Unsere Hauptaufgabe

Was ist die Hauptaufgabe einer Lehrkraft? Habt ihr euch das mal gefragt. Ich meine, das ist doch entscheidend, weil es das Zentrum allen Unterrichtens wäre. Aber was ist denn nun die Kernaufgabe jeder LuL? Nach einigem Nachdenken wird schnell klar, dass es nur eine Antwort geben kann. Wer dann die Antwort hört, dem wird schnell bewusst werden, dass es genau die Eigenschaft ist, die uns Menschen von allen anderen Lebensformen der Erde unterscheidet und die mit Sicherheit das Menschlichste überhaupt ist.

Natürlich ist euch längst klar, dass die Hauptaufgabe jeder Lehrkraft das Lernen ist. Lehrer und Lehrerinnen sind zuerst einmal Lernspezialisten. Die Kleinkinder kommen in die Schule und wissen, dass sie etwas lernen werden. Im Kindergarten haben sie schon begonnen, Buchstaben zu malen. Manche können schon erste Wörter schreiben oder sogar schon ein wenig addieren. Bei größeren Kindern haben sie miterlebt, wie die aus der Schule kommen und plötzlich anfangen zu lesen, so wie es sonst nur die Erwachsenen können.

Lernen geschieht bei uns Menschen von der Wiege an und heute wissen wir auch, dass es bis zur Bahre anhält. Wir lernen unser ganzes Leben lang. In unserer Kindheit gibt es einige große Lernschübe und ontogenetische Lernfenster, in denen besonders große Lernsprünge möglich sind. Dennoch: Lernen geschieht bei uns Menschen das gesamte Leben lang. Mit Recht lässt sich behaupten, dass das Lernen eine unserer menschlichsten Eigenschaften ist. Vielleicht ist es das, was uns Menschen erst zu Menschen machte.

Ich habe in meiner Karriere als Lehrer leider sehr viele Jugendliche erlebt, die durch die Schule lernmüde geworden sind. Zum Glück betraf das beim genaueren hinsehen nur bestimmte Bereiche, da sie in anderen Bereichen noch immer sehr lernwillig und lernfreudig waren. Doch leider haben mir viele KollegInnen mitgeteilt, dass sie dieselben Erfahrungen machten und ihre SuS keinerlei Interesse mehr am Lernen zeigten. Ich finde das besorgniserregend.

Mir macht lernen Spaß und selbst die Kids, die keine Lust mehr auf Schule haben, beweisen mir immer wieder, wie viel

Lust sie darauf haben, etwas neues kennenzulernen. Damit ist das Problem der Lernunlust nur auf Bereiche beschränkt, die sich primär auf die Inhalte der Schule beziehen. Das führt zur Frage, ob die Inhalte einfach nur schlecht zum Lernen geeignet sind oder ob die Art, wie wir sie belehren dazu führt, dass sie keine Lust mehr aufs Lernen haben? Testen lässt sich das ganz leicht und ist auch tausendmal geschehen. Kids die keinen Bock mehr auf Mathematik haben, würde der Lernstoff in einem anderen Setting auf eine neue Art oder mit neuen Medien präsentiert. Wenn sie dann immer noch keine Lust auf Mathe lernen hätten, dann wäre tatsächlich Mathe das Problem. Wenn sie dann jedoch feststellen, dass Mathe zu lernen, doch Spaß macht und sie Lernerfolg verzeichnen, dann wäre die Art des Belehrens die Ursache.

Die Frage ist: Fokussieren wir uns auf die Inhalte oder das Lernen direkt? Aktuell stehen die Bildungsinhalte im Fokus. Ohne Gnade wird den Kindern das vorgeschriebene Wissen eingetrichtert: also der Stoff vermittelt. Wir LuL haben dabei gar keine Wahl. Denn das ist das, wofür sie uns bezahlen. Es entspricht genau den Vorstellungen der Rahmenlehrpläne. Bei diesem Ansatz wird das Lernen als automatischer Nebenprozess verstanden, der sowieso inhärent ist, auf den sich aber weder fokussiert, noch der speziell trainiert werden muss. Anders ist es bei dem didaktischen Ansatz, in dem das Lernen zu lernen Hauptaufgabe der Schule ist.

Bei der zweiten Variante Unterricht zu gestalten, steht das Lernen im Zentrum. Nicht der Inhalt zählt, sondern es zählt die Fähigkeit zu lernen. Lernen ist dabei in seinem gesamten Facettenreichtum zu verstehen. Wichtig ist erst einmal, dass wir uns bewusst machen, dass der bisherige Fokus auf die

Lerninhalte überholt ist. Er stammt aus einer Zeit, in der wir als Volk ein (vermeintlich) gemeinsames Allgemeinwissen hatten. Mag es so etwas gegeben haben oder nicht: Heute gibt es das nicht mehr. Grund ist, dass mit dem Beginn des Internets das zur Verfügung stehende Weltwissen in einer so extremen Geschwindigkeit zunimmt, dass so etwas wie ein volks-übergreifendes Allgemeinwissen absolut unmöglich geworden ist. Aus diesem Grund entspricht der Fokus auf den Aufbau einer maximal gut entwickelten Lernfähigkeit statt dem Fokus auf die Vermittlung eines Bildungskanons viel mehr unserer Zeit.

Was meine ich nun mit dem Facettenreichtum des Lernens? Nun damit ist zuerst einmal ausgedrückt, dass lernen keine eindimensionale Sache ist. Lernen ist vielfältig. Als kleine Kinder sind unsere Lernprozesse (scheinbar) recht simpel. Doch selbst bei genauerem hinsehen, erfordert das Lernen erster Wörter wie Mama oder Papa enorm viele Teilschritte, die alle gelernt werden müssen.

Lernen umfasst unheimlich viel. Es beginnt bei der Anzahl der Lernformen. Angefangen bei den Möglichkeiten des Auswendiglernens; egal ob das allein, zu zweit, zu dritt, mit Karteikarten, abschreiben, laut vor sich hinsagen oder einfach sich erinnern geschieht. Es geht weiter über das Verbildlichen oder das Lernen, indem wir die Inhalte verstehen. Es geht hin bis zu den komplexen Formen des Lernens, wie der Loci-Methode, dem Gedächtnispalast oder der weniger bekannten Form der SQ3R.

Ein anderer derzeit sehr beliebter, intuitiver Ansatz ist die Herangehensweise über das Warum. Ein Weg, mit dem ich sehr gute Erfolge erzielt habe. Bei diesem Ansatz geht es gar nicht so sehr um die Strategie oder die Methode, mit der gelernt wird, es geht eher um den Antrieb und die Motivation dahinter. Der besonders gute Nebeneffekt an diesem Weg ist, dass er Spaß macht und das es erfüllend im Sinne von und bezogen auf den Lebenssinn ist. Es hat mir geholfen in den letzten fünf Jahren meine musikalische Fähigkeit um fast das Zwanzigfache und meine Fähigkeit im kreativen Schreiben um fast das Vierzigfache zu steigern und es hat sogar noch Spaß gemacht, obwohl es anstrengende, harte Arbeit war. Entscheidendes Kriterium dabei war mein persönliches Warum, welches mich antrieb.

Neben diesen beiden Ansätzen lernen zu systematisieren, gibt es noch viele weitere. Jede:r ist dazu eingeladen, selbst auf die Suche zu gehen und diese zu erkunden. Ich will dazu nur noch einen Punkt ausführen: nämlich den Spaß. Lernen kann Spaß machen und Lernen muss sogar Spaß machen, damit unser hedonistisches Gehirn das Gelernte in seine Tiefenregion durchlässt. Klar beginnt der Spaß beim Punkt Schmerzvermeidung. Das war auch der altertümliche Ansatz: Lerne oder du kriegst was mit dem Rohrstock. Klar lernen dann alle, weil sie schließlich den Spaß des Nichtschmerzes durch den Rohrstock haben. Aber darum geht es nicht und um es deutlich zu sagen, solche Lernmethoden sind eine Schande. Es geht wirklich darum, dass Lernen selbst auf höchstem Niveau und ich rede von zwölf Stunden täglich, sieben Tage die Woche, Spaß machen kann.

Jede:r hat in seiner Kindheit diese Erfahrung gemacht. Da gab es irgendeine Sache, seien es Pferde, Wrestling, Mangas, Dinosaurier oder Popstars, die einen total begeistern. Dann beginnt man ganz freiwillig, alles darüber zu lernen. Das Wissen wird geradezu aufgesaugt und Fakten und Daten in einer Menge gesammelt, die sonst kaum vorstellbar sind.

Schon nach kurzer Zeit halten alle eine:n für eine Expert*in auf dem Gebiet. Dieser besondere Zustand wird oft als „Flow" bezeichnet und beweist, wie Spaß und Lernen beide vollkommen vereinbar sind.

Wir sind Lehrer und Lehrerinnen und wir sollten es wie das alte Sprichwort machen: Schuster bleib bei deinen Leisten. Lernen ist unsere Kernaufgabe. Dass die Kids lernen zu lernen, ist das, was sie im Leben brauchen. Denn es erwarten sie Datenberge auf dem Weg zum Erfolg, die sie in kürzester Zeitspanne aufnehmen, speichern, verarbeiten und vernetzen müssen. Um das zu schaffen, müssen sie zu Lernprofis werden. Ob sie wissen, wer Goethe, Mendel oder Bach waren, wird ihnen da nichts helfen. Aber die Fähigkeit schnell und umfassend neues zu lernen und mit dem Altem synergetisch vernetzen zu können, wird ihnen den Weg zu einem gewinnbringenden Leben ebnen.

Vorbild Lehrer*in

Es gibt in unserem Land nur eine Berufsgruppe, der sich wirklich jeder Mensch stellen muss und das sind die Lehrer und Lehrerinnen. Sie sind demnach die Einzigen, die umfassenden Einfluss auf das ganze Volk haben. Dadurch erhalten sie viel Macht und tragen große Verantwortung. Es macht die LuLs zu den wichtigsten Trägern der Demokratie. Jede Lehrkraft trägt deshalb eine riesige Last auf ihren Schultern, denn von ihrem Tun hängt die Zukunft ab. Logischerweise führt das zu der Frage, welche Merkmale die LuLs haben müssen, um der Rolle als Vorbild gerecht zu werden? Abschließend bleibt noch zu klären, ob der Lehrberuf eine Chance oder ein Risiko für die Demokratie ist?

Laut Definition im Online Lexikon ist jemand ein Vorbild, der ein richtungsweisendes Beispiel ist, mit dem sich vor allem junge Menschen identifizieren und deren Verhalten sie nachahmen können. Diese Definition ist mir tatsächlich zu kalt und sachlich. Meiner Meinung nach ist ein Vorbild jemand, der bestimmte ethische Verhaltensmaßstäbe vorlebt, die einen heilsamen Einfluss auf die Gesellschaft haben, wodurch wiederum jede:r einzelne ein glücklicheres Leben führen kann. Wie gesagt fällt mir keine weitere Berufsgruppe in unserem Land ein, die wirklich Einfluss auf jeden Menschen nimmt. Klar sehen wir alle Polizisten und gehen zum Arzt. Doch das sind nur kurze Besuche, in denen diese Personen wenig auf uns einwirken. Selbst Politiker wirken nur wenig, da sie zu viele ignorieren. Da aber jedes Kind in diesem Land verpflichtet ist, zehn Jahre zur Schule zu gehen, haben die LuLs als einzige soziale Gruppe Einfluss auf das gesamte Volk.

Ethik bezieht sich auf die Werte, die förderlich für das Zusammenleben der Menschen sind. Im Gros lassen sie sich als positive Eigenschaften ansehen, die Harmonie, Frieden und Eintracht im Volk, als auch im Leben jedes Einzelnen säen. Allgemein wird von LuLs erwartet, dass sie ernsthaft ihre Vorbildfunktion übernehmen. Die Erwartung ist also, dass die LuL mehr als jede andere Berufsgruppe ethische Standards erfüllen. Denn sie sind die Leitsterne – ob bewusst oder unbewusst – jeder neuen Generation.

In früherer Zeit übernahmen Priester diese Funktion. Die Forschung hat festgestellt, wie viel Missbrauch dadurch geschehen ist. Selbst heute noch werden wir regelmäßig von neuen Missbrauchsskandalen der Priester erschüttert. Zudem waren sie extrem parteiisch und haben nur im Sinne der Kirchenoberen und fragwürdiger moralischer Standards gehandelt. Heute leben wir in einer „säkularen" Demokratie; glücklicherweise haben wir uns vom Joch der Kirche befreit. Doch diese Funktion, die einst die Priester übernommen haben, muss trotzdem irgendjemand ausführen, wenn unsere Gesellschaft blühen soll.

Ein Vorbild handelt vorbildlich. Ich persönlich finde Güte, Mitgefühl und Hilfsbereitschaft vorbildlich; auch Lerneifer und kreativer Tatendrang zählen dazu. Hingegen empfinde ich die Frömmigkeit, politische Linientreue, pseudo-moralische Kleidung und die harte, kaltherzige Disziplin der christlichen, sozialistischen oder faschistischen Ära als unmoralisch. Die LuLs dieser Zeit waren nicht vorbildlich; sie waren eine bösartige Schande für den Lehrerstand! Zugegeben selbst unter diesen Systemen gab es vorbildliche Lehrer*innen. Statt sich an die jeweils herrschenden Systeme anzupassen, waren diese vorbildlichen LuLs jene, die aus der Liebe ihres Herzens heraus handelten. Was macht eine Lehrer*in heute ethisch gut? Das aktuelle Schulsystem ist zweifelsfrei nur mittelmäßig effizient und moralisch. Zur Grundvoraussetzung für eine:n vorbildliche Lehrer*in wird es deshalb automatisch, an der aktiven Verbesserung des Schulsystems mitzuwirken.

Der Vergleich der Zeitepochen führt direkt zum ersten wichtigen Punkt: dem Unterschied zwischen Konventionen und echtem ethischen Verhalten. Noch heute glauben viele, dass wer sich an die gesellschaftlichen Konventionen hält, moralisch handelt. Das Menschen nach den Lektionen des

Dritten Reiches und der grauenvollen Verfolgung von Juden und Andersdenkenden immer noch dieser Meinung sind, ist traurig. Denn es hieße ja, dass Menschen, die zu dieser Zeit lebten und die Konventionen der Nationalsozialistischen Propaganda unterstützten, ethisch gehandelt hätten. Das ist nicht so und was für die NS-Zeit gilt, das gilt auch für andere Zeiten: soziale Konventionen und ethisches Verhalten sind nicht dasselbe. Aufgrund des genannten Beispiels muss klar gesagt werden: Wer soziale Konventionen automatisch für ethisches Verhalten hält, verhält sich dadurch zwangsläufig unethisch.

Sprechen wir von Ethik, dann könnten wir das riesige Fass der Philosophie aufmachen. Ich glaube, das ist weder nötig, noch hilfreich. Wir sollten im Kleinen anfangen, denn das menschliche Leben ist eben dieses kleine und subsumiert sich dann nur zur Größe einer Gesellschaft durch die Anzahl ihrer Individuen. Ethisch ist meiner Meinung nach das Verhalten, das anderen und uns selbst ein glückliches Leben sichert. Glück wiederum bezieht sich hier auf das Gefühl, welches entsteht, wenn jemand frei, sicher, wohlhabend und selbstbestimmt leben kann. Außerdem zählt nur jenes Verhalten als ethisch, welches keine andere Person schädigt oder verletzt. Das ist total intuitiv und versteht jedes Kind.

In der Praxis kann Ethik soviel mehr sein. Es beginnt beim Konsum von ökologisch und nachhaltigen Produkten. Viele Essen heutzutage schon vegan-vegetarisch, weil es weniger Ressourcen verbraucht und keine Tiere quält. Manche nutzen nur öffentliche Verkehrsmittel, um die Umwelt zu schonen. Viele Leute spenden für Projekte, die Mensch und Natur helfen. Außerdem gibt es die ehrenamtliche oder politische Arbeit. Andere pflanzen neue Bäume, um die Umwelt zu verschönern oder für besseres Klima. Beliebt sind auch Besuche auf Demos gegen den Krieg und für mehr Frieden auf der Welt. Das sind nur ein paar von vielen praktischen Beispielen für gelebte Ethik.

Wie gesagt: In einer säkularen Demokratie kommt den Lehrer:innen als der einzigen Berufsgruppe die zentrale Vorbildfunktion für die Gesellschaft zu. Alle Menschen müssen in ihrer Jugend in die Schule. Sie alle erleben ihre Lehrer:innen. Jedes Kind wird dadurch von ihnen geprägt. Wieso also legen die heutigen Lehrkräfte so wenig Wert auf eine ernsthaft ethische Lebensweise? Diese Frage beschäftigt mich schon sehr lange; vor allem weil ich so viele LuL und ihre Lebensweise kenne. Aus meiner Erfahrung heraus muss ich sagen, dass ernstzunehmende Ethik in den aktuellen Dialogen unter Lehrkräften kaum eine Rolle spielt. Es geht um den nächsten Urlaub, das Eigenheim und Aktiendepots; daneben geht es natürlich um Gossip und ein paar profane Alltagstipps. Ich erinnere mich an fast kein Gespräch, in dem es um echte ethische Standards ging und sei es nur vegan zu leben, um unsere knappen Ressourcen zu schonen, Tiere zu retten und dadurch den Klimakollaps aufzuhalten.

Lasst mich ein Beispiel anführen, auch wenn mich manche dafür gern verdammen würden: Ich will gern die Lehrer und Lehrerinnen erwähnen, die im Sichtbereich der Schule oder im direkten Umfeld der minderjährigen Schutzbefohlenen rauchen. Denn Atemwegserkrankungen sind die derzeit häufigste Todesursache der Erde und Krebserkrankungen nehmen auch dramatisch zu. Beides verursacht das Rauchen. Zusätzlich kommen noch die Opportunitätskosten und die Disposition zur Suchtanfälligkeit hinzu. Kein Lehrer und keine Lehrerin kann noch als gute Lehrkraft bezeichnet werden, wenn er oder sie im Sichtbereich oder Umfeld der SuS raucht. Seit Corona hat in meinem Umfeld die Anzahl von Elternteilen, die unmittelbar neben ihren Kindern rauchen, dramatisch zugenommen, besonders auffällig ist es bei Kleinkindern unter sechs. Auch hier wären vorbildliche LuL dringend notwendig gewesen, um diesem Trend Einhalt zu gebieten.

Ein weiteres aktuelles Beispiel ist auch der Gebrauch von Autos mit Verbrennungsmotor. Nach aktuellem Sachstand werden die negativen Folgen des Klimawandels mindestens so dramatisch sein wie die des ersten Weltkrieges, wenn nicht sogar des Zweiten. Wer es nicht schafft, vollkommen auf das Auto zu verzichten und Öffis oder Fahrrad zu benutzen, hätte wenigsten ein E-Auto benutzen müssen, um überhaupt noch als mäßig moralische LuL durchzugehen. Denn nach aktuellem Forschungsstand sind Verbrennungsmotoren eine der Triebkräfte des weltweiten Klimakollapses.

Ich persönlich bin mir sicher, dass es Moral und Ethik gibt, die unabhängig von den sozialen und kulturellen Umständen existiert. Es ist jene Art und Weise zu leben, die aus der Güte des eigenen Herzens und dem Möglichen der individuellen Verstandesleistung heraus entsteht. Aber die Möglichkeiten heutzutage moralisch zu handeln, sind nahezu grenzenlos. Das ist einer der Unterschiede zu vergangenen Zeitepochen. Leider spüre ich davon nichts in deutschen Schulen. Mir ist bisher kein LuL begegnet - weder im Berufsalltag noch in den Medien – der sich ernsthaft zum praktischen Ziel gesetzt hat, ein wirklich moralisches Leben zu führen, um die SuS positiv zu beeinflussen.

Daneben gibt es eben auch eine Moral, die gebunden ist an ihre Zeit und die sozio-kulturellen Umstände. Diese bedingt sich aus den Möglichkeiten der Gesellschaft, in der sich der Einzelne befindet. Heute leben wir in einem Land, in dem echte Moral – gewaltfrei, nachhaltig, pazifistisch – in einem Maße möglich ist, wie es nie zuvor möglich war. Dennoch merkt man davon nichts in den Lehrerzimmern. Ein LuL, der diesen ethischen Grundsätzen folgt, müsste mindestens vegan leben, immerzu spenden, demokratisch politisch aktiv sein, freundlich sein, seinen sozialen Beitrag leisten, nur ethisch vertretbare Produkte konsumieren und seine Gefühle reflektieren und sie von jenen „reinigen", die wir Hass, Neid, Gier oder Lügen nennen. Und das wäre nur die Basis, um den moralisch möglichen Standards unserer Zeit ernsthaft gerecht werden zu können.

Zu vielen Zeiten wäre es gar nicht möglich gewesen, so moralisch zu leben wie heute. Derzeit ist es möglich und das stellt eben alle LuL vor ein Dilemma. Denn wenn sie ihrer Vorbildfunktion gerecht werden wollen, müssen sie diese Standards erfüllen. Tun sie das nicht, dann sind sie keine Vorbilder. Aber kann eine Lehrkraft, die kein Vorbild ist, überhaupt ein guter Lehrer oder eine gute Lehrerin genannt werden? Die Antwort kennen wir alle.

Es geht dabei nicht darum zu stigmatisieren, denn das wäre schon an sich unethisch. Es geht mir also nicht darum, LuLs zu brandmarken, die diese ethischen Werte noch nicht leben. Auch ich schaffe das bisher nicht. Worum es mir geht, ist die Absicht. Denn meiner Wahrnehmung nach ist die Absicht oder der Wunsch ernsthaft moralisch leben zu wollen, in der heutigen LuL-Generationen schwach ausgeprägt. Es geht eher um den nächsten Urlaub, das Eigenheim, Aktien oder die nächste Lohnerhöhung. Nichts davon tangiert Menschen, denen Ethik besonders wichtig ist. Es geht mir um die

Absicht, ethisch handeln zu wollen. Denn es ist der Weg, den wir einschlagen, der uns zum erwünschten Ziel führt. Es wäre also an der Zeit, den Weg zu reflektieren, den die derzeitige LuL-Generation eingeschlagen hat. Ist das wirklich die ethische Richtung?

Ich glaube, es ist Zeit für einen Neustart. Ich glaube, es ist höchste Zeit für die erste Generation Lehrkräfte, die ihrer Vorbildfunktion wirklich gerecht werden will. Damit meine ich eine LuL-Generation, die wirklich überdurchschnittlich ethisch lebt. Bisher haben Lehrkräfte ihre Ethik an den sozialen Standards gemessen. Ich werde gleich ein Beispiel zeigen, wieso das enden muss. Soziale Standards sind nichts, was Vorbilder zu Vorbildern macht. Es sind herausragende Eigenschaften, die Vorbilder zu Vorbildern machen. Für die LuLs können das nur ethische Merkmale sein. Denn nur wenn sie diese ethischen Eigenschaften vorleben, werden sie die Gesellschaft positiv beeinflussen. Nicht indem sie Ethik lehren, aber sie selbst nicht leben, wie es heute meiner Erfahrung nach meist der Fall ist. Das beste Beispiel ist, dass jede:r LuL lehrt, wie wichtig es ist, sich an der Politik zu beteiligen, damit die Demokratie stark bleibt. Aber wie viele LuL opfern denn wirklich ihre Freizeit, um politisch aktiv zu werden. Meiner Erfahrung nach ist das eine verschwindende Minderheit. Sind die anderen Heuchler?

Ich wollte ein Beispiel geben, welches den Unterschied von Ethik und sozialer Konvention in unserer Zeit besonders veranschaulicht. Um es direkt ersichtlich zu machen, wähle ich natürlich die Kleidung. Es gibt echte ethische Kleidung. Das ist die Kleidung, die ökologisch, nachhaltig und vegan produziert wurde. Das ist solche Kleidung, die unter fairen Arbeitsbedingungen in einem Land produziert wurde, was die Menschenrechte einhält. Und es ist Kleidung, deren Gewinn nur in die Hände von Leuten fließt, die im Ganzen ökonomisch ethisch handeln. Beispielsweise habe ich mir ein Paar Sneaker gekauft, das zertifiziert war und all diesen Ansprüchen gerecht geworden ist.

Wir haben heutzutage ein Bild davon, wie ein Lehrer oder eine Lehrerin auszusehen hat. Dabei stellen wir uns Stereotyp ganz bestimmte Kleidung vor, die sozial angesehen ist. Das ist etwa das Hemd, die Krawatte und ein glänzender Lederschuh. Doch ist dieses Aussehen wirklich moralisch? Mein Paar Sneaker etwa entspricht nicht den Erwartungen an einen richtig gekleideten Lehrer, wie es die sozialen Konventionen vorgeben. Gleichzeitig tut es der Lederschuh, der in einer schlimmen Diktatur wie China oder dem Iran produziert wurde, für den mehrere arme Rinder unbetäubt abgeschlachtet wurden, nachdem sie unter schlimmsten Bedingungen gehalten wurde und der mit Chemikalien behandelt wurde, um ihn haltbar zu machen, die die Natur und die Gesundheit der Menschen nachhaltig schädigen. In der Theorie ist eindeutig klar, dass dieser Lederschuh niemals von einer vorbildlichen Lehrkraft getragen werden dürfte; doch in der Praxis geschieht das so.

Dieses Beispiel lässt sich auf alle Einzelteile der heutigen erwünschten Lehrer- und Lehrerinnenkleidung übertragen. Indem man einige Prämissen ändert, lässt sich dieses Beispiel sogar auf alle Aspekte übertragen, die wir heutzutage von Lehrer- und Lehrerinnen erwarten. Das ist die Tragödie, in der wir stecken. Der Berufsstand unseres Landes, der die höchsten moralischen Ansprüchen erfüllen müsste, weil es die Gesellschaft braucht, um demokratisch heil zu bleiben, steckt in einer moralischen Krise.

Ich könnte jetzt noch dutzende Beispiele anführen, wieso es mit der Ethik der heutigen LuL-Generation nicht weit her ist oder ich könnte einfach träumen. Natürlich entscheide ich mich fürs Träumen. Beginnen möchte ich diesen Traum, indem ich ein Klischee wegwische, nachdem ethisches Verhalten anstrengend und langweilig sein muss. Das beste Beispiel unserer Zeit ist das vegane Essen. Auf Fleisch zu verzichten, heißt für viele, dass sie gar nichts mehr essen können. Doch wer in den großen Städten der Welt von Berlin, New York bis Tokio unterwegs ist, findet ein so reiches Angebot an veganem Essen, dass er quasi täglich eine neue Delikatesse ausprobieren könnte. Dasselbe ist es mit der Treue und sexuellen Ehrlichkeit. Klingt das für viele langweilig und einschränkend, so werden alle bestätigen, wie reich und erfüllend das Liebesleben in einer glücklichen, langen Beziehungen ist, die auf Treue und Ehrlichkeit gebaut ist; vor allem hinterlässt sie weniger psychische Wunden als ihr Gegenpart aus Fremdgehen und emotionalem Verletzen.

Diese Palette lässt sich mittlerweile auf jeden Bereich ethischen Handelns beziehen. Ein Leben der Ethik zu widmen, heißt eben nicht, wie es uns die Kirche einst eingetrichtert hat, auf alles zu verzichten, was Spaß macht. Wir können ein reiches, erfülltes und spannendes Leben unter höchsten moralischen Standards führen. Klar können wir dann nicht mehr in Diktaturen reisen und sie mit unseren Devisen legitimieren, aber wir können Urlaub an den Stränden stabiler Demokratien machen und dort das Wetter und die Partys genießen.

Ein echtes ethisches Leben macht Spaß. Es ist spannend, ereignisreich, voller Genuss und höchst kreativ. Wir können das ganze spielerisch sehen, indem wir uns immer neue ethische Challenges vornehmen, die wir dann erfüllen und falls wir es nicht schaffen, uns dafür feiern, dass wir es ernsthaft versucht haben. Für diejenigen die auf Wettkämpfe stehen, lassen sich auch richtige Contests auf die Beine stellen. Für jede:n lässt sich die ethische Entwicklung ganz individuell gestalten.

Wir Lehrer und Lehrerinnen haben eine Pflicht und diese beginnt, bevor wir in den Unterricht gehen. Es ist unsere Pflicht, ein Vorbild zu sein. Natürlich kann eine Junglehr*in das nicht so gut und umfassend erfüllen, wie eine LuL nach jahrzehntelanger Arbeit (wenn sie die Vorbildfunktion ernst nimmt). Doch wir haben diese Pflicht, denn die Wahrheit ist: die Zukunft des Landes hängt davon ab. Wir sind die einzige soziale Gruppe, die Einfluss auf jeden Menschen des Volkes nimmt. Wir sind deshalb verantwortlich, dass dieses Land nicht wieder in eine düstere Ära abgleitet. Ich denke, es ist Zeit, dass endlich eine LuL-Generation sich aufmacht, den Anspruch zu erfüllen, echte ethische Vorbilder zu sein.

Zuerst geht es um die Absicht, wirklich ethisch leben zu wollen. Der bürgerliche Lebensstil ist nicht sehr ethisch und war es nie gewesen. Es ist deshalb Zeit für eine neue Bewegung. Das kann Spaß machen. Das kann glücklich machen. Denn Ethik führt zu einer heilen Welt und das ist die Basis für Glück. Ich bin mir sicher, dass wenn das Gefühl unter den Lehrkräften entsteht, dass wir etwas ethisch bewegen wollen, dass dadurch mehr junge Leute motiviert werden, Lehrer*in werden zu wollen und dass auch die Verhaltensprobleme der Jugendlichen nachlassen werden. Denn Leute, die ethisch beeindrucken, stecken an. Sie werden zu echten Vorbildern. Wie die Definition am Anfang gezeigt hat, ist es vor allem die Jugend, die Vorbildern folgt:

Somit ist der Schritt zu einer echten ethischen Bewegung unter der Lehrer*inneschaft auch der Ausweg aus den immer grassierender werdenden Verhaltensauffälligkeiten unserer Jugend.

Warum!?!

Diese Frage ist die Essenz des Lebens jeder Lehrkraft. Warum sollte ich, du, er, sie oder es unterrichten? Aktuell ist dieses Thema hoch brisant, denn deutlich weniger junge Menschen studieren Lehramt, als die Schule braucht, um ihren Bedarf zu decken. Sie war aber zu anderen Zeiten nicht weniger relevant. Denn die Motivation entscheidet, wie Wert schaffend die Arbeit ist, die wir LuLs leisten.

Klar gibt es viele, die nur in den Lehrberuf einsteigen, weil das Gehalt mittelmäßig gut und die Stellung als Beamter sicher ist. Das ist ein akzeptabler Grund, wenn auch kein ehrenwerter. Angesichts des derzeitigen Fachkräftemangels wird sowieso jede:r gebraucht. Also ist der rein finanzielle Grund vollkommen akzeptabel. Allerdings bezweifle ich, dass jemand der nur des lieben Geldes wegen unterrichtet, bereit ist, mit ganzem Herzen zu unterrichten.

Aber das Herz ist entscheidend für die Unterrichtsqualität. Um den Begriff jetzt nicht zu schwammig werden zu lassen. Was ist damit gemeint, mit dem Herz zu unterrichten. Es beginnt damit, sich emotional in die SuS hineinversetzen zu können. Denn nur wenn wir verstehen, wie sie die Welt sehen, können wir ihnen den Lernstoff richtig rüberbringen. Richtig gutes Unterrichten ist mehr als den Lernstoff runterspulen und ihn den Kids eintrichtern. Denn in erster Linie ist der Lernerfolg abhängig von der Beziehungsarbeit. Zwischen LuL und SuS muss die Chemie stimmen, damit es zu wirklich großen Lernsprüngen kommen kann. Das ist ein hochkomplexer Prozess, der nicht zu unterschätzen ist und der mehr Facetten aufweist, als Außenstehende auf den ersten Blick wahrnehmen könnten.

Mein warum entstand, als ich selbst noch ein Schüler war. Tatsächlich war es seit der Grundschule mein Traum, Lehrer zu werden. Wie man sieht, habe ich mir meinen Traum erfüllt. Allerdings habe ich dabei auch die Schattenseiten kennengelernt, welche auf uns Lehrkräfte im staatlichen Schulsystem warten. Ich weiß nicht wieso, aber als Kind dachte ich, dass die Probleme der Welt entstehen, weil die Menschen einfach nicht klug genug sind. Deshalb wollte ich Lehrer werden, um die Menschen klüger zu machen, damit die Welt besser wird. Im Grunde glaube ich immer noch, dass wir Menschen dringend klüger werden müssen, um unsere Probleme zu lösen. Allerdings weiß ich heute, dass die meisten Probleme viel komplexer sind, als wie sie mir als Kind vorkamen.

Bis heute treibt mich dieser Grund an. Er ist mein erstes warum. Dieser Grund oder dieses warum habe ich nötig. Denn im heutigen Schulsystem zu unterrichten und mit den vielen Verhaltensauffälligkeiten unserer SuS professionell umzugehen, ist Knochenarbeit. Ohne einen Grund, der mich immer wieder aufstehen lässt, wenn mich der Berufsalltag zu Boden gerissen hat, hätte ich schon längst aufgegeben. Mittlerweile kenne ich nämlich einige, die dem Lehrerjob den Rücken gekehrt und sich ein erfolgreiches Leben außerhalb des Schulsystems aufgebaut haben. Gerade in den dunklen

Stunde liebäugle ich auch mit dem Ausstieg und einem neuen Abenteuer. Doch wer soll den Job machen und die nächste Generation erziehen, wenn alle hinschmeißen?

Zu wenige junge Menschen wollen derzeit Lehrer oder Lehrerin werden, weil ihnen ein Grund fehlt, der stark genug erscheint, sie erst durch das Studium und dann durch den Berufsalltag zu tragen. Wie gesagt: Lehrersein ist heutzutage ein Knochenjob. Nur des Geldes wegen entschließen sich kaum noch junge Menschen dazu, Lehramt zu studieren. Denn junge Menschen suchen vor allem nach etwas, in dem sie perspektivisch ein Leben lang glücklich werden können. Da sie aus ihrer eigenen Schulzeit die vielen frustrierten LuL kennen, scheint es logischerweise nicht sehr sinnvoll zu sein, Lehrer oder Lehrerin werden zu wollen.

Die nackte Wahrheit ist: Die Kids brauchen dringend mehr Lehrkräfte. Ohne genügend neue Lehrerinnen wird es für viele Jugendliche schwer werden, ihre Potentiale zu entfalten. Denn niemand wird groß und erfolgreich ohne die Hilfe anderer. LuLs sind auf diesem Weg zum Erwachsenwerden einer der wichtigsten Bausteine. Zu wenige LuL und zu viele ungenügend ausgebildete Quereinsteiger*innen verhindern womöglich, dass Jugendliche sich wirklich optimal entfalten können. Dieser Grund ist deshalb sicher der Wichtigste. Denn wer Lehrer oder Lehrerin wird, kann sich sicher sein, dass er oder sie gebraucht wird (selbst wenn es die Kids nicht zugeben).

Wir werden LuL für die Kinder. Denn sie brauchen uns. Sie brauchen unsere (platonische) Liebe, unsere Kreativität und unsere Unterstützung. Gerade in den schwierigen Phasen brauchen sie uns besonders, um sie zu motivieren und um sie wieder zurück ins Licht zu führen. In der Pubertät oder in anderen schwierigen Lebensphasen verlieren Jugendliche den Blick auf das Ziel und fressen sich stattdessen mit Sorgen voll. Ohne dass wir LuL uns dann hinsetzen und ihnen helfen, wieder innerlich stabil zu werden, wären einige von ihnen wirklich verloren. Wir LuL werden gebraucht. Selbst die schwierigen SuS, die es niemals zugeben würden, sind froh darüber, dass wir immer für sie da sind.

Einer der meist genannten Gründe Lehramt zu studieren, ist, weil man etwas bewirken will. Diese Möglichkeit finde ich tatsächlich sehr wichtig. Ich hoffe auch, dass der Tag kommt, an dem die Hürden dies umzusetzen, die einem das marode Schulsystem in den Weg wirft, verschwunden sein werden. Ja, heute ist es für uns LuL viel schwerer geworden, etwas zu bewirken. Das liegt vor allem an den vielen Aufgaben, die wir tun müssen, die mit der Erziehung der Kids de facto nichts mehr zu tun haben. Dennoch ist es immer noch möglich und wir müssen endlich wieder an uns glauben und besonders daran wie offen die Kids noch immer und trotz des Medienwahns für die Impulse ihrer Lehrkräfte sind.

Wir begleiten die Generation von morgen. Das muss man sich mal auf der Zunge zergehen lassen, wie wunderbar das ist. Das wirken einer Lehrkraft überdauert die Zeit. Wir bringen den SuS lesen und schreiben bei und sie werden davon ihr gesamtes Leben lang profitieren. Eine solche Bedeutung findet sich sonst in kaum einem Beruf. Sich das bewusst zu machen, kann uns wirklich durch die harten Tage tragen.

Also wer auch immer da draußen ist und überlegt LuL zu werden oder gerade damit strauchelt, weiter LuL zu sein: Vergesst niemals: Die Kids brauchen euch. Ihr seid wichtig und eure Arbeit stiftet Sinn und hat Wert. Auf eurem Weg werdet ihr Kinder beeinflussen, die ohne eure Hilfe niemals das aus sich herausgeholt hätten, was sie später schaffen. Ob das geschieht, indem ihr in ihnen die Liebe zum Schreiben oder Rechnen weckt oder weil ihr sie dazu inspiriert, ein Musikinstrument zu lernen. Diese Arbeit ist wichtig und wir dürfen uns von dem sinnlosen Verwaltungsaufwand diese Chancen nicht weiter rauben lassen! Selbst wenn das ganze Land vergessen zu haben scheint, wie wichtig Lehrerinnen sind. Sie brauchen uns! Denn es gibt so viele Momente in denen LuL etwas bewirken und deshalb dürft ihr niemals aufhören, auf dem Lehrweg zu schreiten.

Das Warum ist das Fundament. Der Grund, auf dem wir unser Lehrer*innendasein aufbauen, entscheidet, wie gut es werden wird. Ist der Grund schwach, werden wir schwache LuL werden. Ist der Grund stark, dann können wir dem Orkan ins Auge blicken und den größten Sturm durchsegeln. Und nebenbei angemerkt: schwierige SuS und die sinnlose Bürokratie sind kräftezehrender als ein tosender Sturm auf hoher See. Deshalb macht euch euer Warum bewusst, bevor ihr wieder in den nächsten harten Schultag segelt. Visualisiert euer Warum, wenn ihr dem Orkan gegenübersteht.

Desto stärker wir unser ureigenes Warum zementieren, desto widerstandsfähiger werden wir werden (aber bitte nicht zu einer dieser aggressiven Überlehrerin* werden, die alle SuS und das halbe Kollegium tyrannisiert). Das warum ist unsere Kraftquelle. Wenn wir dann erschöpft sind, passiert das nicht, weil unsere Kraftquelle versiegt ist. Sondern der Grund ist, weil wir aufgehört haben, an sie zu glauben oder weil wir zugelassen haben, dass der Kontakt zu ihr abreißt. Das Warum ist die Kraftquelle, aus der wir schöpfen.

Im Laufe eines langen Lehramtsstudiums oder nach vielen Jahren intensiven Unterrichtens geht leicht die Luft aus. Wie kriegen wir dann unsere Energie zurück? Was kann uns helfen, wieder zu alter Stärke und Tatkraft zu gelangen? Sicherlich gibt es auch andere Wege, wie ein langer Urlaub oder das Gespräch mit guten Freunden. Aber sich auf sein Warum zu konzentrieren, kann eine Kraft freisetzen, an die sonst kein anderer Weg heranreicht. Denn der Urlaub endet und das Dilemma wird ungefiltert zurückschlagen. Doch das Warum kann der Schutzschild sein, wenn der Urlaub längst vergessen und Freunde schwer zu erreichen sind.

Das Dilemma, in dem die Schule derzeit steckt, lässt sich lösen, wenn wir uns nur wieder auf unsere ursprüngliche Motivation konzentrieren. Sie wollen von uns, dass wir Statistiken machen, alles dokumentieren und auch noch intensiv an den Sitzungen zur Schulentwicklung teilnehmen. Was die Verantwortlichen ohne Quatsch gar nicht mehr wollen, ist, dass wir uns voll und ganz auf die Schüler und Schülerinnen konzentrieren. Deren warum verstehe ich schon lange nicht mehr; die Folgen erleben wir dafür alle in Form der Bildungskatastrophe. Eine Katastrophe, die meiner Meinung nach hausgemacht ist.

Ich hoffe, es ist okay, wenn ich nochmal auf mein Warum zu sprechen komme. Schon als kleiner Junge fiel mir auf, wie kaputt die Welt zu einem großen Teil ist. Ich denke, diese Feststellung trifft jede:r mit wachem Geist spätestens in der Pubertät. Nachdem ich mir den Kopf zerbrochen hatte, war die einzige Möglichkeit, warum die Probleme der Welt so groß sind, die: Weil die Menschen zu dumm sind, um bessere Lösungen zu finden. Da unsere Lehrerinnen (es gab an meiner Grundschule damals tatsächlich keinen männlichen

Lehrer) uns klug machten, wollte ich auch meinen Beitrag leisten, damit die Welt klüger und damit besser wird.

Was für einen Einfluss hat mein ursprünglicher Grund, der immerhin schon viele Jahrzehnte her ist, auf meine Arbeit als Lehrer heute? Diese Frage ist nicht ganz einfach zu beantworten. Denn das Leben als Erwachsener ist deutlich komplexer als das eines Fünftklässlers. Dennoch gibt es manchmal diese Momente, in denen ich mein Leben reflektiere. Ich denke, jede:r kennt diese Momente. Dann kommt mein ursprünglicher Grund wieder zum Vorschein. Seine Überzeugungskraft hat dann dieselbe Energie, die sie damals als Grundschüler hatte. Was dazu gekommen ist, sind viele Jahre an Erfahrung. In diesen Jahren gab es viel gutes, aber auch schwere, niederschmetternde Tiefpunkte. Beides gehört wahrscheinlich in jedem Job dazu.

Mein Grund treibt mich noch immer an und ich hoffe, dass er langfristig größer ist als der Frust über den Zustand des Schulsystems und die Unfreundlichkeit einiger SuS. Ich glaube, wir alle brauchen einen solchen Grund. Ich weiß nicht, was deiner ist. Aber ich weiß, wie wichtig es ist, dass du dich daran erinnerst.

Charakterschulung

Auch wenn es der landläufigen Meinung widerspricht, es gibt viel wichtigeres in der Schule als das Eintrichtern des Bildungskanons. Dazu zählt ganz besonders der Aufbau eines anständigen Charakters. Was sind die Vorteile eines starken Charakters: Definitiv ist es psychische Resilienz. Ein starker Charakter kann dem verrückten Chaos des Alltags mehr Widerstandskraft entgegenbringen und sich aufrecht halten, wenn alles Äußere dagegen spricht. Außerdem erfreut ein guter Charakter seine Mitmenschen durch Freundlichkeit und Güte.

Kritiker werden jetzt einwerfen, dass es so etwas wie eine allgemeine Blaupause für einen guten Charakter gar nicht gibt. Aber dieselben Leute werden zustimmen, das jemand, der habgierig, mordlüstern, verlogen, fies und gewalttätig ist, einen schlechten Charakter hat. Nur indem sie zugeben, dass das schlechte Charaktereigenschaften sind, geben sie auch zu, dass es gute Charaktereigenschaften gibt. In diesem Beispiel wären das eben großzügig, hilfsbereit, ehrlich, nett und friedlich sein.

Warum wird nicht explizit der Charakter in unseren Schulen geschult, obwohl wir wissen, wie wichtig dieser für alle Lebensbereiche ist? Es geht in der Schule schließlich nicht nur um berufliche Belange, wo ein willensstarker Charakter eine Säule für eine erfolgreiche Karriere ist. Mehr noch geht es um das Privat- und im Besonderen um das Familienleben. Um beides glücklich gestalten zu können, braucht ein Individuum neben Glück einen entsprechenden Charakter. Warum soll die Schule diesen nicht lehren?

Als ich in die Grundschule kam, gab es extra Noten für Ordnung, Fleiß und Benehmen. Einige Jahre später wurden die aus irgendwelchen unerklärlichen Gründen abgeschafft. In der zehnten Klasse war ich dann, wie viele Kids heute auch, total unordentlich. Warum hätte ich auch ordentlich sein sollen, es gab schließlich keine Bewertung. Wir können jetzt in die jahrelange Diskussion einsteigen, ob wir noch Noten brauchen. Ich tue das nicht. Es wird sich zeigen, wie in der Zukunft bewertet, zensiert oder nicht zensiert wird. Worum es mir geht, ist, dass ich, solange es Noten dafür gab, einer der Ordentlichsten war und danach eben nicht mehr. Tatsächlich ist ordentlich sein ein Aspekt eines Charakters. Vielleicht ist er nur ein Nebenaspekt, dennoch ein Beispiel, an dem sich gut die Bedeutung der Schule für die (gute oder schlechte) Charakterschulung ablesen lässt.

Wenn wir sehen, wie ein Mensch einem anderen Menschen hilft, dann nennen wir ihn hilfsbereit. Meist ziehen wir von unseren Beobachtungen einen Rückschluss auf seinen Charakter. In dem Fall würden wir ihn einen hilfsbereiten Menschen nennen. Wir alle lieben hilfsbereite Menschen. Klar; da wir alle in eine Situation kommen könnten, in der wir Hilfe brauchen, wäre es schön, dann einer hilfsbereiten Person zu begegnen.

Hilfsbereitschaft ist eine gute Charaktereigenschaft. Sorry, wenn ich ehrlich bin, aber jemand der Hilfsbereitschaft für schlecht hält, hat definitiv einen schlechten Charakter. Hilfsbereitschaft ist eine der tollsten Charaktereigenschaften, die es gibt und ich will sie hier als Beispiel nehmen: Als Lehrer kann ich sagen, dass wir nicht explizit verpflichtet werden, Hilfsbereitschaft zu lehren. Das ist traurig oder?

Einige würden an dieser Stelle einwenden, dass so etwas wie Hilfsbereitschaft eine Eigenschaft ist, die angeboren ist und nicht gelehrt werden kann. Ich würde diesen Personen konsequent widersprechen. Mag sein, dass es gewisse Neigungen gibt. Aber weder sind diese eine notwendige Voraussetzung, noch sind sie entscheidend. Ich bin der felsenfesten Überzeugung, dass Erziehung der entscheidende Faktor bei der Entwicklung eines Charakters ist. Wieder kommen wir zu dem Punkt zurück, dass die Schule innerhalb der Demokratie die erzieherische Hauptinstanz ist. Warum arbeiten wir nicht direkt an den Charakteren unserer Jugend? Warum erklären wir das Ausbilden eines guten Charakters nicht zu einem Hauptziel der Schule?

Wir tun es indirekt. Wir LuL sollen es indirekt tun. Das will ich gar nicht anzweifeln. Wir LuL sind permanent dazu angehalten positive Werte zu vermitteln. Damit ist, soweit ich das verstehe, gemeint, dass wir bestimmte Eigenschaften verstärken, etwa Hilfsbereitschaft. Doch es wird keine Zeit eingeplant, um gezielt den Charakter zu entwickeln. Reicht es nun aber aus, etwas so essentiell wichtiges wie den Charakter nur indirekt und nebenbei zu entwickeln?

Kann der Charakter eines Menschen überhaupt gezielt ausgebildet werden? Ich glaube heutzutage, würden das viele Menschen anzweifeln. In deren Weltbild gibt es eine instinktive Entwicklung des Charakters. Doch diese Leute übersehen einfach die vielen Einflussfaktoren, die in unserer Zeit den Charakter formen. Vordergründig in unserer Zeit sind das die allmächtigen Medien (TV, Internet). Hinter den Medieninhalten sitzen Menschen, die gezielt und voll bewusst Impulse setzen, um den Charakter, das Verhalten und die psychischen Dispositionen zu ihren Gunsten zu beeinflussen. Dieser Einfluss formt die Charaktere und er tut dies heutzutage stärker, als es die Schule tut. Wer also glaubt, ein Charakter lässt sich nicht bewusst entwickeln, der lebt fernab der Realität.

Es ist absolut nicht davon auszugehen, dass die Medien die Charaktere der Kinder und Jugendlichen vorsätzlich zu prosozialem Verhalten anregen. Was sie wollen sind bessere Konsumenten. Wenn die Medien prosoziales Verhalten wie aus unserem Beispiel die Hilfsbereitschaft fördern, dann tun sie es deshalb, weil sich ihr Produkt oder ihr Medieninhalt dadurch besser verkaufen lässt, etwa weil es Eltern nur dann ihren Kinder erlauben, wenn diese Werte vermittelt werden. Doch die Förderung der Hilfsbereitschaft ist dann nur ein Nebenziel, welches dem Hauptziel sich Marktanteile sichern zu können, untergeordnet ist.

Für jeden einsichtigen Menschen muss klar sein, dass das nicht akzeptabel ist. Denn wir geben den Medien Macht über unsere Kinder und Jugendlichen: Da die Förderung positiver, prosozialer Charaktereigenschaften dem kommerziellen Ziel untergeordnet ist; ist unsere Jugend von dem Moment an gefährdet, an dem dieses Nebenziel nicht mehr nötig ist, um sich Marktanteile zu sichern. Bei Produkten für Jugendliche im Teenageralter merken wir diese negativen Auswirkungen bereits. Denn dann brauchen sie nicht mehr die Erlaubnis ihrer Eltern, sind aber auch noch nicht fähig, Medieninhalte ernsthaft zu reflektieren. Genau in dem Bereich hat sich eine große Anzahl an Medienprodukten etabliert, die ganz gezielt schlechte Charaktereigenschaften, etwa Egoismus, Habgier oder Suchtverhalten, fördern.

Wir als Schule haben eine Verantwortung. Auch wenn ich Gefahr laufe, mich zu wiederholen, wir werden dieser Verantwortung nicht gerecht, indem wir an dem überalterten bürgerlichen Bildungskanon festhalten und nicht die Lerninhalte vermitteln, die fürs echte Leben nützlich sind. Dass wir unseren Kids beibringen, wie sie einen starken, resilienten und gesunden Charakter entwickeln, ist zur Gestaltung eines glücklichen und erfüllten Lebens absolut überlebenswichtig. Es hat sowohl für das einzelne Kind als auch die Gesellschaft einen höheren Mehrwert als der alte Bildungskanon.

Verhaltensauffällige Kinder in den Schulen sind ein Phänomen geworden, von dem die ganze Nation spricht. Nur darüber zu reden oder sich zu beklagen, hilft nichts. Wir müssen die Ursachen identifizieren, um eine adäquate Lösung zu finden. Ich bin der Überzeugung, dass es nur zwei Hauptursachen für die massiven Verhaltensauffälligkeiten gibt. Das sind zum Ersten psychische Erkrankungen und zum Zweiten ein schlechter Charakter. Gegen psychische Erkrankungen können wir nichts tun. Wir sind LuL und keine Psychologen. Kinder, die psychisch erkrankt sind, brauchen speziell ausgebildete Fachkräfte, die ihnen helfen. Doch gegen einen schlechten Charakter können wir etwas tun: Wir können nämlich erziehen!

Manche werden jetzt einwenden, dass es auch noch andere Faktoren wie sozio-kulturelle oder ethnische gibt. Doch dem widerspreche ich und ich glaube diese Kritiker sehen den Wald vor lauter Bäumen nicht. Denn in allen sozialen Schichten finden sich Menschen mit guten und schlechten Charakteren. Und eine Sozio-Kultur als Ausrede zu benutzen für aggressives oder habgieriges Verhalten, ist inakzeptabel. Ich lehne diese Begründungen ab, da sie viel zu häufig zum Täterschutz führen, was besonders im Bereiche der Femizide zu erschreckenden Ergebnissen weltweit geführt hat.

Was sind gute Charaktereigenschaften, die wir unbedingt vermitteln sollten: Ehrlichkeit, Selbstdisziplin, Zufriedenheit, Teamfähigkeit, Freundlichkeit, Mitgefühl, Lebensfreude, Vertrauensfähigkeit, Mitfreude, Hilfsbereitschaft, Ordnung, Pünktlichkeit, Mut, Abenteuerlust, Loyalität, Zuverlässigkeit, Offenheit, Sorgfalt, Flexibilität, Dankbarkeit, Nettigkeit, Anpassungsfähigkeit, Kreativität, Verantwortungsgefühl,

Fairness, Selbstbewusstsein, Toleranz, Wortgewandtheit, Zielstrebigkeit, Selbstlosigkeit und Pflichtbewusstsein.

Diese lange Liste ließe sich noch fortführen. Das zeigt zuerst einmal, dass wir genug Eigenschaften hätten, mit denen wir Jahre an Unterricht füllen könnten. Es zeigt aber auch, wie unübersichtlich und komplex das Phänomen Charakter ist. Das führt zu der Konsequenz, dass wir unserer Jugend nachhaltig bewusst machen müssen, dass sie ihren Charakter gezielt entwickeln müssen. Dann zeigen wir ihnen die Vielzahl an positiven Möglichkeiten, die es gibt, um einen Charakter zu formen. Wir breiten es vor ihnen aus wie eine Landkarte. Sie müssen dann selbstständig entscheiden, in welche Richtung sie ihren Charakter entwickeln wollen.

Unsere Aufgabe, besonders beim Hinblick auf unsere Geschichte und die beiden Weltkriege, die wir verschuldet haben, ist es, unbedingt zu verhindern, dass wieder schlechte Charaktermerkmale dominant werden und dadurch unser gesamtes Volk großen Schaden nimmt. Im Besonderen sind das Eigenschaften wie Hass, Wut, Gewalttätigkeit, Habgier. Im Kleineren sind es solche Eigenschaften wie Neid, Zorn, Missgunst, Lästerei, Zweifelsucht und Unehrlichkeit.

Unser Charakter ist etwas absolut individuelles. Ein Unterricht, der bewusst den Charakter formen will, will diese Wahrheit nicht einschränken. Das Ziel ist es, die Fähigkeit unserer Jugend zu steigern, bewusst und gezielt ihren Charakter zu formen, so wie sie ihn brauchen, um ihre Lebensträume zu erfüllen. Wir wollen nicht, dass unsere Kinder wie hilflose Blätter im Wind sind, die von den Schicksalsschlägen hin und her gepeitscht werden. Wir wünschen uns Kinder, die zu Erwachsenen werden und dabei einen Charakter entwickelt haben, der ihnen die Macht gibt, ihren Träumen zu folgen; der ihnen auch die Kraft gibt, in harten und schweren Zeiten erhobenen Hauptes durch die Dunkelheit schreiten zu können, bis endlich ein besserer Tag anbricht.

Fünf Fronten Krieg

Deutschlands Schulen sind zu einem Kriegsgebiet mit fünf Fronten geworden: Kinder; Eltern, Staat, Industrie und Lehrkräfte. Solange sich diese lauernd gegenüberstehen; verlieren alle! Im letzten Jahrzehnt sind diese Fronten schärfer denn je geworden. In der Mitte stehen unsere Kids. Um sie herum sind Pferde mit dicken Seilen befestigt, die die anderen vier repräsentieren und sie ziehen in verschiedene Richtungen. Mit vollem Recht erinnert das an eine antike Foltermethode. Das beschreibt die Situation in der unsere Kinder sich aktuell befinden. Unsere Kids werden zerrissen!

Zuerst einmal muss ich es mit Nachdruck betonen: Wir Lehrer und Lehrerinnen wissen, was wir tun. Es scheint mir so, dass mittlerweile jede:r denkt, es besser zu wissen, wie Schule geht als wir LuL. Die Wahrheit ist, wir LuL wissen es. Wir würden es auch gern besser machen. Doch zwei Dinge verhindern das. Zum Ersten einmal sind wir gefangen in diesem Schulsystem und der chronischen Überbelastung, weil es zu wenig Fachkräfte gibt und weil wir viel zu viel Dinge tun müssen, die keinen Mehrwert für die SuS haben.

Zum Zweiten: Die Gesellschaft scheint heutzutage gegen uns zu arbeiten. Wir sind Profis. Wir haben das studiert und unsere Entscheidungen haben einen tieferen Sinn. Doch jede:r scheint es besser zu wissen. Es sind nicht nur die Eltern, selbst die Gerichte arbeiten gegen uns und treffen Entscheidungen über die Abläufe im Schulalltag, die die Probleme vergrößern, statt sie zu lösen.

Trotz der großen Potentiale, die drin stecken, sind es in den letzten Jahren vor allem die Medien, die direkt und indirekt die Arbeit in den Schulen untergraben. Besonders auffällig ist das bei den Teenagern: Es werden Produkte in Form von Idolen künstlich erschaffen, die den Pubertierenden das Gefühl geben sollen, dass sie so sind wie sie. Diese „Stars" sind bei genauem Hinsehen jedoch alles Produkte, die von Firmen am Reißbrett erschaffen wurden und mit dem richtigen Marketing vertrieben werden. Diese vermitteln immer aggressivere Werte, die all dem widersprechen, wofür Schule steht: nämlich die Entwicklung eines selbstbewussten, lernwilligen und kompetenten jungen Menschen. Stattdessen produzieren diese Medien psychisch instabile, suchtanfällige und narzisstische Konsumenten.

Doch sie entfremden die Teenager nicht nur von der Welt der Schule, sondern treiben auch Keile in die Familien. Ich las jüngst in einen Artikel, dass mittlerweile schon die Jüngsten es nicht mehr schaffen, soziale Regeln einzuhalten. Ich halte diese Aussage für kompletten Schwachsinn. Was sie nicht mehr schaffen, ist die Regeln einzuhalten, die ihre Familie und die Schule ihnen vorgeben. Was sie wunderbar schaffen, ist die Regeln einzuhalten, die die Medien ihnen vorgeben. Sie werden zu Marionetten gedrillt.

Ich würde ehrlich schätzen, dass mindestens die Hälfte der Medieninhalte für Kinder und Jugendliche, sie bewusst oder unbewusst dazu konditionieren, gegen die Regeln ihrer Familien und der Schule zu handeln. Im Grunde sind das bösartige Formate. Mit Milliardenschweren Werbebudgets entfremden sie die Küken und Heranwachsenden von ihren Nestern als auch dem Schutzraum Schule, um sie zu willigen und langfristigen Konsumet*innen zu konditionieren. Das System funktioniert gut, denn der Markt wächst. Jedoch sind die Konsequenzen für Elternhaus und Gesellschaft schlecht, wenn nicht sogar katastrophal.

Der Einfluss der Medien macht nicht bei den Eltern Halt. Doch begründet das nur teilweise den enormen Anstieg an Eltern, die sich immer schwerer im Erziehen ihrer Kinder tun. Ein zweiter Hauptgrund ist sicher das Wegbrechen der traditionellen Verbundenheit der Menschen untereinander. Früher herrschte deutlich mehr direkter Austausch zwischen uns. Heutzutage und hier besonders in den Großstädten herrscht die legendäre Entfremdung. Trotz Millionen Menschen, die um einen herum leben, sind viele Eltern oder Alleinerziehende immer öfter komplett auf sich allein gestellt. Der Austausch über Erziehung, der früher traditionell Teil der Gespräche war, findet nicht mehr statt, wodurch die Fähigkeit zu erziehen, stark nachgelassen hat. Bisher hat der Staat leider verschlafen diese Lücke zu schließen. Positive Elternarbeit müsste eigentlich auch in den Schulen Pflicht sein, falls wir die Kinder langfristig positiv beeinflussen wollen.

Was Medien auch besitzen, ist ein Potential, um Träger einer bildungswilligen Bewegung zu werden. Denn sowohl Internet, als auch alle anderen elektronischen Medien haben ein gewaltiges Potential, das Lernen zu fördern. Schon heute sind viele Plattformen eine Sammelstelle für Lehrvideos und Netzwerke des gemeinsamen Lernens. Das ist der kleine Lichtblick, der allerdings einer viel größeren Medienwelt gegenübersteht, die auf Stumpfsinn, faules Abgammeln und stupiden Konsum setzt und keinerlei billige Tricks auslässt, um junge Menschen zu willigen Kunden zu machen. Die Medien sind nur der eine Faktor, welcher der Chance unserer Kids gegenübersteht, maximal gut ausgebildet in die Zukunft starten zu können.

All das und viele weitere Ursachen haben dazu geführt, dass sich heute diese fünf Fronten gegenüberstehen. Wir LuL merken das daran, dass unser Job immer schwerer wird. Die SuS merken das daran, dass sie sich immer weniger verstanden und immer schlechter aufs Leben vorbereitet füllen. Die Eltern merken das an chronischer Überforderung und Erschöpfung. Der Staat merkt es daran, dass die Zerwürfnisse innerhalb der Gesellschaft stark anwachsen und dass es ihm immer schwerer fällt, adäquat Fachkräfte auszubilden. Die Medien merken es daran, dass sich ihre Einnahmen zunehmend in den Händen einiger Weniger konzentrieren. Es ist ein lose-lose-System für alle Seiten. Die Frage ist, wie lange wir das Spiel so noch spielen wollen, bevor wir die Konsequenzen ziehen, uns in unsere Hände spucken und Alternativen aufbauen?

Es ist ein Krieg, in dem alle verlieren. Bevor wir uns darüber Gedanken machen können, wie wir diesen Krieg befrieden, müssen wir uns erst einmal eingestehen, wie sehr wir uns voneinander entfremdet haben. Der Sinn der Schule ist, die kommende Generation darauf vorzubereiten, ihren Beitrag leisten zu können, damit das Land und vor allem das Volk erfolgreich fortbestehen kann. Mag sein, dass das einige anders sehen. Doch ich glaube an die Gemeinschaft. Denn nur innerhalb einer gesunden, starken und erfolgreichen Gemeinschaft kann das Individuum ein glückliches Leben führen. Es gab noch nie eine Gesellschaft auf Erden, in der der Einzelne losgelöst von den anderen glücklich leben konnte. Wir sind ein Team.

Unsere Gesellschaft zerreißt immer mehr. Schule kann und darf der Kleber sein, der alles wieder zusammenfügt und damit die Samen sät für ein glückliches Volk. Doch Schule schafft das derzeit nicht. Wir LuL schaffen das aktuell nicht. Doch daran sind wir nicht allein Schuld. In diesem Fall spreche ich tatsächlich von Schuld. Denn die Folgen, falls unsere Aufgabe scheitert, sind so negativ für die Zukunft unserer Kinder, dass wir ernsthaft große Schuld auf unsere Schultern laden, wenn wir dieses Problem nicht lösen.

Wir LuL agieren nicht im luftleeren Raum, wie viele immer glauben. Nicht nur die Schulämter und Ministerien üben massiv Druck auf uns aus. Dazu kommen die Eltern und die Gerichte. Was keine dieser Instanzen besitzt, ist das professionelle Fachwissen und die praktische Erfahrung, um Kinder und Jugendliche zeitgemäß zu erziehen. Nicht einmal die Unis haben das; eben weil theoretisches Kopfwissen für die Erziehung echter Kinder nicht ausreichend ist.

Ich will nicht unhöflich erscheinen: Die Mediziner haben Unikliniken, an denen die Dozenten als Ärzte und Ärztinnen praktizieren. Doch die meisten Dozenten im Lehramt haben seit Jahren, wenn nicht seit Jahrzehnten keine Schule mehr ernsthaft von innen gesehen (Und ein Besuch mit zehn Student*innen in einer Vorführstunde zählt nicht, da sich eine Klasse auch im Schulalltag völlig anders verhält, falls der Unterricht in Doppelsteckung abgehalten wird). Ich plädiere dafür, dass Lehramtsdozent*innen von den Unis mindestens zehn Stunden realen Unterricht geben sollten, damit sie nicht vergessen, wie es wirklich ist. Denn das Lehramt ist zuerst einmal ein Praxisjob und wir LuL sind müde, jedes mal die Konsequenzen einer gescheiterten Reform tragen zu müssen, nur weil die Ministerien und Universitäten vergessen haben, wie der Schulalltag wirklich aussieht.

Denn auch wenn ich heute mit jungen Student*innen rede, die in den Schulen ihre Praxissemester absolvieren, habe ich nicht das Gefühl, dass sich in den Unis viel verändert hat. Es geht um große Prestigeobjekte und Aushängeschilder wie Integration und Interkulturalität. Aber die wirklich echten Bedürfnisse der LuL, also die Dinge die seit Jahrzehnten schlecht laufen und wo wirklich Verbesserung nötig wäre, haben die Unis nicht auf dem Schirm. Sie lehren völlig an der Realität vorbei. Die Folge ist der Praxisschock vieler Absolventen, der Jobfrust und natürlich das Leid der Kinder als Konsequenz aus der realitätsfernen Ausbildung.

Die Ärzt*innen werden von Praktiker*innen ausgebildet. Warum wir Lehrkräfte nicht? Vielleicht ist es endlich Zeit, es genauso zu machen wie die Mediziner. So wie es besondere Unikliniken gibt, sollten wir Unischulen einrichten. Da können die Dozent*innen zeigen, ob sie es wirklich können. Aber bitte an diese Schulen die harten Fälle senden und nicht die Vorzeige-Primusse. Denn die neuen Lehrkräfte sollten von denen ausgebildet werden, die dazu in der Lage sind, selbst bei den schwierigsten SuS Erfolg zu haben.

Mein Appell ist klar: Vertraut uns Lehrern und Lehrerinnen endlich wieder. Das betrifft auch den Bereich Strafen und Zensuren. Klar wünschte ich mir, dass wir allen nur noch Einsen geben und niemals strafen. Vielleicht gibt es in der Zukunft eine Schule, in der beides nicht mehr nötig ist. Doch heutzutage machen wir das und wenn jemand wochenlang nicht gelernt hat und dann eine Sechs von uns bekommt, dann sollten Eltern das endlich wieder akzeptieren und mit ihrem Kind arbeiten, statt uns mit dem Anwalt zu drohen. Dasselbe gilt für eine Strafe, falls der Sohn oder die Tochter gerade dem Mitschüler die Nase gebrochen hat. Es ist müßig hier anzufügen, wie sehr uns auch die Gerichte in den letzten Jahren in den Rücken gefallen sind und wie sie durch ihre unreflektierten Urteile zur Bildungskatastrophe massiv beigetragen haben.

Ich will die Lanze für uns LuL brechen: Wir können unseren Job. Dass wir ihn derzeit so ausführen, dass immer größere Teile der Gesellschaft unzufrieden werden, liegt nicht an uns. Es sind die Rahmenbedingungen, die uns wie ein Korsett einschnüren und verhindern, dass wir frei atmen können. Unis und Ministerien haben eine Schullandschaft konzipiert, in der es uns LuL kaum noch möglich ist, ernsthaft mit den einzelnen SuS auf Tuchfühlung zu gehen, um ihnen dadurch zu helfen, ihre Talente bestmöglich zu entfalten. Ursache sind die Kind-untauglichen Konzepte, die uns aufoktroyiert werden von Menschen, die Schule mit dem Kopf erdenken wollen, statt sie mit dem Herzen zu leben.

Jede:r der oder die Lehrer oder Lehrerin bewusst wird, will das Beste für die Kinder und Jugendlichen. Dafür lege ich meine Hand ins Feuer. Wir wollen etwas positives bewirken und der nächsten Generation helfen, ihre Stärken zu entfalten. Dabei sind wir auf die Unterstützung der anderen vier Fronten angewiesen, ganz besonders der Eltern.

Leider ist die Beziehung zwischen Eltern und LuL auf einem Tiefpunkt angelangt und ich glaube beide Seiten sind dafür verantwortlich. Zuerst einmal finde ich es schade, wie wenig heute in der Schule der Wert der Familie betont wird. Wir Lehrkräfte sollten uns verpflichten, nachhaltig die

Familienbande zu stärken. Ich versuche das aktiv seit Jahren und halte es für eine Schande, dass es nicht explizit eines der zentralen Lernziele ist, die Jugendlichen auf ihre Rolle und ihre Aufgaben als Familienmitglied vorzubereiten und darin zu stärken, ihre Rolle innerhalb der Familie selbstbewusst, heilsam und glücklich auszuleben.

Die andere Seite sind die Eltern. Viele von ihnen haben die Schule selbst mit traumatischen Erinnerungen verlassen. Das ist schade und tut mir leid. Heutzutage projizieren immer mehr Eltern ihre schlechten Erfahrungen auf ihre Kinder und verhindern so den Schulerfolg. Das ist Irrsinn. Denn wenn sie verhindern wollen, dass ihre Kids selbst negative Erfahrungen in der Schule sammeln, dann müssen sie helfen, die Schule aktiv mitzugestalten und dadurch zu verbessern.

Bisher ist meine Erfahrung nach knapp fünfzehn Jahren Lehrer sein über den Beitrag der Eltern zum Leben ihrer Kinder in der Schule ernüchternd. Es sind zu wenige vereinzelte Ausnahmen, bei denen Eltern wirklich aktiv mit am Schulleben teilnehmen. Mag das in den ersten drei Jahren der Grundschule besser sein; so möchte ich alle Eltern daran erinnern, dass ihre Kids besonders in der Pubertät ihre volle Unterstützung bräuchten, da diese sonst meiner Meinung nach deutlich heftiger und schwieriger ausfällt. Viele der extremen Auswüchse, die wir mit Pubertierenden erleben, sind möglicherweise auf der Fehlannahme begründet, dass sie dann mehr allein gelassen werden wollen. Sie brauchen genauso viel wie Kleinkinder, nur anders.

Die Eltern und Lehrer und Lehrerinnen müssen endlich wieder aufeinander zugehen und zum Wohle der Kinder eine Einheit bilden. Das muss damit beginnen, dass wir aufhören, uns ständig Vorwürfe zu machen. Denn die letzten Jahre sind davon geprägt, dass beide Seiten zunehmend die Schuld für die schlechter werdende Performance der Jugendlichen sich gegenseitig in die Schuhe schieben. Dabei geht es gar nicht um Schuld. Die Klärung der Schuldfrage wird nämlich das Problem nicht lösen.

Wir sitzen alle im gleichen Boot. Wir haben alle dasselbe Ziel. Selbst die Industrie gewinnt, wenn wir ihr fähige, junge Menschen liefern, die ein hohes Einkommen erwirtschaften, was sie dann ausgeben können. Am längsten sitzen jedoch Eltern und ihre Kinder im Boot; nämlich ein Leben lang. Deshalb müssen wir gemeinsam einen Weg ausarbeiten, der synergetisch ist. Aktuell bekommt Schule, besonders ab Sekundarstufe Eins immer mehr den Charakter, dass Eltern ihre Kids da irgendwie durchschleifen müssen, ohne dass sie und ihre Kinder zu viel Schaden nehmen. Dass diese Phase eigentlich Spaß machen, spannend sein und schön sein sollte, spielt kaum noch eine Rolle.

Ja wir sind wieder beim Thema Spaß und Glück. Denn ich glaube, dass es möglich sein muss, ein System Schule zu erarbeiten, in dem alle fünf Fronten zum Wohl der Kinder zusammenarbeiten und alle dabei riesigen Spaß miteinander haben. Dies beginnt mit der Aussage, dass fünfzig Prozent des Stresses künstlich erzeugt sind von einem System, das mindestens zur Hälfte redundant ist; womit ich meine das Dinge geschehen, die einzig dem Selbstzweck des Systems dienen, die aber keinerlei Mehrwert für die Schüler und Schülerinnen haben, genauso wenig wie für die Lehrkräfte und Eltern.

Wir sind fünf Fraktionen, die gegeneinander kämpfen, statt füreinander einzustehen. Die Schule ist so essentiell für unser Land, dass es zwangsläufig zu echten sozialen Zerwürfnissen kommen wird, wenn wir dieses Problem nicht lösen. Wenn wir auf die Zeit der Coronapandemie zurückblicken und unseren Blick auf das Lager der Coronaleugner werfen, dann müssen wir uns fragen, ob dieses Zerwürfnis nicht schon eingesetzt hat. Meiner Meinung nach fehlte es diesen Menschen an Bildung, um die medizinischen Prozesse zu verstehen. Wenn dem so ist, dann war auch das ein Versagen des aktuellen Schulsystems.

Damit eine Demokratie wachsen kann, braucht das Volk ein Gefühl der Verbundenheit. Es gibt in unserem Land keinen Ort und keine Institution, die im Stande wäre, das zu vermitteln außer der Schule. Doch die Schule im Ganzen irrt auf dem Ozean wie ein Schiff ohne Segel und Hafen. Sie ist nicht der Initiator einer solchen gemeinsamen Basis, sondern sie ist zu einem Austragungsort für die verschiedensten sozialen Konflikte geworden.

Was wir brauchen, ist mehr als ein Konsens. Wir müssen den Glauben an die Relevanz der Schule als Säule unseres Volkes wieder ins Bewusstsein jedes Menschen tragen, der Teil unseres Volkes ist. Zweifelsfrei hat unsere Schule diese Bedeutung. Doch diese Überzeugung und dieser Glauben ist uns verloren gegangen; auch weil das System Schule in den letzten Jahrzehnten so katastrophal viele Fehlentscheidungen getroffen hat.

Lasst uns das Kriegsbeil begraben. Die Zeit der Vorwürfe und des ewigen Wegguckens und Wegduckens, wenn es um Verantwortung geht, muss enden. Wir sind in einem Zeitalter angekommen, in dem Wissen eine Relevanz eingenommen hat, die es nie zuvor hatte. Im Sekundentakt entstehen neue Datenberge. Wissen ist das Gold unseres Zeitalters und der Umgang mit Wissen entscheidet über die Zukunft einer

Gesellschaft und diese Fähigkeit entscheidet über die Zukunft jedes Kindes. Die Schule ist der Ort des Wissens.

Als Schüler oder Schülerin in einer heutigen Klasse wirklich lernfähig und lernwillig zu sein, ist schwer. Die Jugendlichen blockieren sich aus Angst gegenseitig, statt sich positiv zu beeinflussen. Es wird nicht die Lust und der Wert des Neu-Gelernten unterstützt, sondern es wird meist Druck auf die Jugendlichen ausgeübt, die zu ernsthaft lernen. Diese Lernatmosphäre ist nicht von den Schulen oder den Kindern gemacht, sondern sie ist die Konsequenz gesellschaftlicher Standards. Wissen als Wert wird leider nicht hoch genug geschätzt. Menschen, die ihr Wissen auf hohem Niveau teilen wollen, finden dafür keine breite gesellschaftliche Basis, da der Wert dieses alltäglichen gegenseitigen Lernens nicht hoch geschätzt, sondern als nerviges Neunmalklugsein degradiert wird. Damit schießt sich unser Volk jedoch selbst ins Knie.

Wir brauchen einen gesellschaftlichen Konsens der Wissen, Lernen und Verstehen zur ersten Instanz macht und dann in der Konsequenz den Prozessen des Lernens und Verstehens in allen Bereichen des Lebens den Vorzug gibt. Das setzt natürlich positive Lerntechniken voraus, die Spaß machen und nicht stressen. Das sind Lerntechniken, die es gibt, die allerdings viel zu wenig bekannt sind und vom aktuellen Schulsystem nicht vermittelt werden.

Lernen kann die gemeinsame Basis unseres gesamten Volkes werden. Diese Basis hätte maximal positive Effekte für jeden Lebensbereich. Aktuell scheint es, dass „zu konsumieren" die Basis unseres gesellschaftlichen Lebens geworden ist. Abgesehen von den gewaltigen negativen globalen Auswirkungen wie dem Klimawandel, den solch ein

Gesellschaftsideal bedingt, halte ich das Konsumieren als Lebensstandard für keine gesunde Grundlage, um eine gesunde Gesellschaft hervorzubringen. Und ich denke wir sind uns nach den letzten Jahren alle einig, dass wir uns immer mehr davon entfernen, einen gesunde Gesellschaft zu sein.

Fangen wir von vorne an. Beginnen wir mit dem Wissen, dass wir alle dasselbe wollen. Machen wir damit weiter, dass wir akzeptieren, dass wir uns bisher feindlich gegenüber gestanden haben und dass wir so alle verloren haben. Die fünf Fronten in diesem sozialen Krieg können zu fünf Verbündeten werden, die dasselbe Ziel verfolgen: Eine kluge Jugend, die gelernt hat, wie sie sich eine glückliche Zukunft aufbauen kann.

Traumberuf Lehrer*in

Ich prophezeie, dass es in dem aktuellen Schulsystem nicht möglich ist, als Lehrer oder Lehrerin wahre Erfüllung zu finden. Auch die vielgerühmte Legende, dass wir LuL junge Menschen inspirieren können, ist unter den aktuellen Rahmenbedingungen kaum noch möglich. Frust und Desillusionierung sind die Folge. In anderen Ländern scheint das nicht anders zu sein. Dass bisher in Deutschland die große Kündigungswelle unter Lehrkräften ausgeblieben ist, liegt am bequemen Beamtentum. Doch zeigen jüngste Studien, dass jungen Menschen das nicht mehr reicht: Denn was sie sich in erster Linie wünschen, ist Erfüllung im Job. Etwas das Schule aktuell nicht bieten kann.

Der Lehrberuf könnte ein wahrer Traumberuf sein. Ich bin felsenfest davon überzeugt, dass die Arbeit als Lehrerin erfüllend sein und glücklich machen kann. Dieses Potential steckt in unserem Beruf. Es ist nur verschüttet worden unter einem Berg an redundanter Verwaltung, falschen Lehridealen und gesellschaftlichen Missständen, die die Schule vergiften.

Es bringt wenig, immer nur die anderen für die Probleme verantwortlich zu machen. Natürlich ist das Schulsystem desolat und wir haben in Europa und Nordamerika ein riesiges Führungskräfteproblem. Doch wenn wir uns darauf ausruhen, anderen die Schuld zu geben und uns dann zurücklehnen, weil die anderen Schuld sind. Dann wird sich zum einen nichts ändern. Zum anderen machen wir uns so zu Opfern und geben die Macht über unser Schicksal aus der Hand.

Wir Lehrer und Lehrerinnen sind keine Opfer. Wir sind hochintelligente, sehr empathische Menschen. Wie besitzen als LuL-Kollektiv einen der größten Schätze an Kreativität und Ideen des ganzen Landes. Dass wir heute so unglücklich sind, liegt daran, dass wir uns die Butter vom Brot haben nehmen lassen. Politik, Industrie, Ämter und Senat haben uns in eine Bildungskrise geführt. Aber die harte Wahrheit ist: Wir haben das zugelassen. Wie Schlachtvieh haben wir uns willig zur Schlachtbank treiben lassen; mit der Folge, dass sich heute jeder zweite LuL fragen muss, ob er diesen Stress bis zur Rente durchhält, ohne zusammenzubrechen oder in einem Burn-Out Syndrom zu enden.

Deshalb muss der erste Schritt darin bestehen, dass wir uns unser Selbstverständnis als Lehrer*-Kollektiv zurückholen. Denn aktuell haben wir es nicht. Die einzigen, die es gefühlt noch haben sind die Mobber und Mobberinnen, die es leider in jedem Kollegium gibt und die komischerweise immer von sich selbst überzeugt sind. Aber als Gros der LuL müssen wir lernen wieder einzusehen, dass wir super wichtig für das Land und unverzichtbar für die Kids und Jugendlichen sind.

Der zweite Schritt wäre dann sich wieder zu verbünden. Ich spüre noch die Reste eines landesweiten Bewusstseins, das alle LuL verband. Doch ich habe nicht den Eindruck, dass dieses Bewusstsein noch lebendig ist. Es ist ein Relikt der Vergangenheit. Aber wenn wir wieder sicher sein wollen, dass unser Job ein Traumjob wird und bleibt, dann müssen wir uns wieder die Hände reichen. Denn die Schule in einen Ort des Glücks und der Wertschätzung zu verwandeln – also in eine Traumschule, die eben notwendige Voraussetzung ist, dass wir einen Traumjob haben – setzt voraus, dass wir es gemeinsam tun.

Der dritte Schritt ist, jenen Kräften die Stirn zu bieten, die uns in die heutige Krise geführt haben. Sie sind dafür verantwortlich, dass wir LuL leiden. Sie sind die Ursache, dass die Jugend nicht mehr genug mitkriegt, um erfolgreich mit sich selbst und in der Welt zu leben. Sie sind die Verursacher, aber wie gesagt sie sind nicht verantwortlich. Verantwortlich sind nur wir, weil wir es zugelassen haben.

Klar könnten wir kuschen. Aber warum sollten wir das tun? Die meisten LuL sind verbeamtet. Es kann ihnen nichts passieren, außer vielleicht, dass sie eine schlechte Beurteilung erhalten. Aber wegen der Angst vor einer Beurteilung Jahre wenn nicht sogar Jahrzehnte unglücklich im Job sein. Ist es das wert? Der Rektor meiner aktuellen Schule ist neben seinen rechtsaußen Sprüchen bekannt dafür, dass er jedem eine schlechte Beurteilung gibt, der anderer Meinung als er ist oder wechseln möchte. Aber soll ich deswegen für immer unglücklich bleiben?

Auch wenn Beamte nicht demonstrieren dürfen, so gibt es trotzdem noch eine große Palette an politischen Mitteln, um für sein Recht zu kämpfen. Das beginnt beim legendären Brandbrief und endet bei der persönlichen Beschwerde bei Bundestagsabgeordneten. Nichts davon wird durch das Beamtengesetz eingeschränkt. Tatsächlich finde ich die Fixierung auf den Streik als zentrales und einziges Mittel schwach. Im Kleinen wie im Großen können wir etwas bewirken, müssen wir sogar etwas bewirken, wenn wir im Job glücklich werden wollen.

Niemand kennt sich so gut mit der Schule aus wie wir Lehrkräfte. Ich habe dennoch den Eindruck, dass wir bei der Gestaltung der Schule nicht angemessen berücksichtigt werden. Kopfgeburten von Theoretikern*, teure Berater* der Politiker*innen und eine öffentliche Meinung, welche es ernsthaft für möglich hält, dass nur weil sie die Schule durchlaufen haben, wären sie Experten oder Expertinnen auf diesem Gebiet, bestimmen über das Schicksal unserer aller Kinder. Die Folge sehen wir: Es ist die Bildungskrise. Dieses Wort sagt viel, etwa dass das System Schule am Rand des Kollapses steht. Zugleich verschweigt es, wie unglücklich die SuS und die LuL sind. Denn diese beiden Gruppen sind es wirklich, die tagtäglich in den Schulen leiden, weil die Konzepte Schrott sind und die Rahmenbedingungen aus dem Rahmen platzen.

Wie lange wollen wir LuL noch unglücklich sein? Die Zahl der an Burn-Out Erkrankten steigt rasant. Alkoholismus unter Lehrkräften, als auch den Missbrauch von BtMs sind seit Jahren ein bekanntes Problem unter Lehrern. Künstlich gemachter Stress frisst uns auf. Natürlich stressen auch die Kids; doch ich unterstelle, dass diesen Stress die meisten LuL wegstecken würden. Doch dieses veraltete, sperrige System Schule erzeugt so viel weiteren Stress, der überhaupt nichts mit der Arbeit mit den SuS zu tun hat. Er ist aber da und wir müssen damit umgehen.

Also zurück zur Frage: Wie lange noch? Wie lange wollen wir noch warten, bevor wir als Kollektiv aller Lehrkräfte uns zusammentun und die Schule zu einem glücklichen Ort machen? Wie lange wollen wir noch warten, ehe wir uns den Traumberuf Lehrer*in holen, von dem wir träumen?

Meine Botschaft ist einfach: Wenn wir den Traumberuf Lehrer*in wollen, dann müssen wir ihn uns holen. Wir LuL allein müssen das tun. Niemand wird kommen und uns das Geschenk eines Traumberufs machen, ganz besonders nicht die Kräfte, die uns in die Krise geführt haben. Es ist unser Traum und wir müssen ihn uns selbst aufbauen. Wir LuL sind unseres Glückes Schmied.

Jede:r einzelne LuL wird diesen Traum im Kleinen anders manifestieren. Doch im Großen wird es bei allen darum gehen, Erfüllung zu finden und etwas bewirken zu können. Im Kleinen kann das so verschieden sein wie die Anzahl der Sterne am Himmel. Denn wir sind gesegnet mit so vielen verschiedenen Typen von LuL. Jede:r wird diesen Traum im Einzelnen anders realisieren. Gemeinsam bleibt allerdings der Traum vom Traumjob.

Abschließend will ich noch etwas zur viel zu großen Zahl toxischer Kollegen sagen, die es leider gibt. Dazu zählen besonders die Drachen, die es sicher auch in männlicher Form gibt, mir selbst aber bisher nur in weiblicher Gestalt begegnet sind, die es mit ihrer Art schaffen, ein ganzes

Kollegium zu vergiften. Sowohl toxische Umgangsformen als auch diese chronischen Mobberinnen verhindern, dass wir wirklich glücklich werden. An der Schule, an der ich vor meinem Wechsel beschäftigt war, herrschte ein solches toxisches Klima und ich muss sagen, dass ich noch nie so viele LuL mit unglücklichen, ausgebrannten Gesichtern auf einem Haufen gesehen habe. Es hat mich wirklich traurig gemacht.

Gute Umgangsformen sind die Basis eines glücklichen Arbeitsplatzes. Ich glaube wirklich, dass die Art und Weise, wie die Menschen an einer Arbeitsstelle miteinander umgehen, mehr Einfluss auf das Wohlbefinden hat, als die technische Ausstattung oder wie problematisch das Klientel der SuS ist. Dass viele LuL ein Problem mit angemessenen Verhaltensformen haben, ist ein offenes Geheimnis, über das ganz Deutschland spricht. Auch da müssen wir uns wieder an die eigene Nase fassen. Wir haben zugelassen, dass Kolleg*innen mit toxischem Verhalten unser Arbeitsumfeld vergiftet haben. Auch hier sind wir in der Pflicht, uns unser Recht auf einen glücklichen Arbeitsplatz zurückzuholen und nicht weiter zu zulassen, dass sie uns unseren Traum kaputt machen.

Einen Traum kann man träumen oder ihn leben. Es liegt in unserer Hand, ob wir weiter davon träumen, dass eines Tages die goldene Sonne aufgeht und in den Schulen Friede, Freude, Eierkuchen herrscht und wir glücklich sind. Oder wir können aufwachen und anfangen uns Stück für Stück diesen Traum aufzubauen. Es beginnt damit die Hindernisse aus dem Weg zu räumen. Dann brauchen wir einen Plan. Zum Schluss bauen wir uns die Schule unserer Träume auf, die ein Ort ist, an den junge Lehrkräfte hinkommen können, um herauszufinden, dass Lehrkraft zu sein, ein Traumberuf ist.

Die Quelle der Demokratien

Jeder Fluss entspringt einer Quelle. Selbst der reißendste Fluss wurde an einer kleinen Quelle geboren. Wenn wir uns unsere Demokratie - also die gleichmäßige Verteilung der Macht auf alle Mitglieder des Demos - als einen Fluss vorstellen, dann müssen wir uns Fragen, was seine Quelle ist. Hier wollen wir den Blick auf eine mögliche Antwort werfen: Die Quelle unserer Demokratie ist die Schule.

Die Schule ist der Ort, an dem unsere nächste Generation den Übergang von der Kindheit zum Erwachsenenalter durchlebt. In dieser Zeit erwirbt die nächste Generation die Grundlagen all ihrer späteren Fähigkeiten. Sicher lernen wir auch noch viel nach unserer Zeit in der Schule. Aber die grundlegenden Fähigkeiten, auch unsere Fähigkeit zu lernen, erwerben wir während unserer Schulzeit. Im Besonderen erwerben wir dort auch unseren Wertekatalog.

Im letzten Jahrhundert gab es in Deutschland fünf Staaten. Zwei davon waren Demokratien. Die erste wurde von einem der schrecklichsten Terrorstaaten vernichtet, den es in der Geschichte der Menschheit bisher gegeben hat. In der Folge fanden circa sechzig Millionen Menschen einen grausamen Tod. Heute sind wir wieder eine Demokratie, wohl gemerkt in einer Welt, in welcher die meisten Staaten Diktaturen, Königreiche oder fundamentalistische Gottesstaaten sind. Das führt zu der Frage, wo in unserem Land der Fluss der

Demokratie entspringt und wie er stark genug gemacht wird, um den Autokratien widerstehen zu können, damit wir nicht wieder in einem kriegslüsternen Terrorstaat aufwachen?

Die Schule ist und sie kann und muss die Quelle unserer Demokratie sein. Sie ist in vielen Bereichen so etwas, wie die Wiege unseres gesamten Volkes; selbstverständlich ist sie das zusammen mit der Familie. In der Schule lernt die Jugend Teil des Demos zu werden. In unserer Schule sollten sie das Handwerkzeug lernen, mit dem sie die Demokratie stärken und gegen ihre Feinde verteidigen können.

Das Bewusstsein Teil eines Volkes zu sein, ist die Basis jeder lebendigen Demokratie. Dieses Bewusstsein wird oft in den Familien vermittelt, allerdings geschieht das nicht immer. Doch wir als Volk müssen sicherstellen, dass jedes unserer Mitglieder dieses Volksbewusstsein erlernt. Ausschließlich die Schule hat dazu die Möglichkeiten. Denn nur in ihr kommen im Laufe ihres Lebens alle Mitglieder des Demos zusammen.

Dieses Thema hier zu thematisieren, hat natürlich den Grund, dass es meiner Meinung nach viel zu wenig gemacht wird. Realtalk: In wirtschaftlich stabilen Zeiten ist das demokratische Bewusstsein für den Zusammenhalt des Volkes weniger wichtig wie in harten Krisenzeiten. Seit der Coronapandemie und auch seit dem Ukrainekrieg haben wir in unserem Land feststellen müssen, dass das demokratische Bewusstsein in manchen sozialen Gruppen gefährlich gering ist. Diese beiden Krisen werden nicht die letzten gewesen sein, einfach weil Krisen Teil des Lebens sind. Was diese Krisen gezeigt haben, ist, dass die Versäumnisse der Schule das Demokratiebewusstsein zu verbessern, erste Ansätze disruptiver Spannungen im Volk bewirkt haben.

Ich glaube ernsthaft, dass ein Volk mit einem starken Volksbewusstsein leichter Krisen übersteht als eines mit einem schwachen. Dennoch wird explizit nicht verifiziert, ob die jungen Menschen, die unsere Schulen besuchen, dieses Bewusstsein Teil ihres Volkes zu sein ausgebildet haben. Tatsächlich wird mehr Wert auf interkulturelle Kompetenz als auf kulturell-demokratische Kompetenz gelegt. Das ist eine gefährliche Entwicklung.

Die Gefahr ist real. Während ich das schreibe, sind genau hundert Jahre seit dem Hitlerputsch vergangen. Hier in Deutschland zeigen aktuelle Umfragen, dass fast ein Viertel der Wahlberechtigten bereit wären, eine Nazi-Partei zu wählen. Mehr bräuchte man nicht zu sagen, um zu zeigen, wie wichtig es ist, die demokratische Bildung zu verstärken. Doch das geschieht nicht.

Um mal Tacheles zu reden: Demokratische Bildung heißt deutsche Bildung. Der Demos ist das Volk und ein demokratisches Bewusstsein in unserem Lande bedeutet deutsches Bewusstsein. Jede:r, der das Vorrecht des Deutschen in Deutschland einschränken will, handelt anti-demokratisch. Doch explizit werden die Kids nicht zu bewusst deutschen Volksangehörigen erzogen. Doch wie soll sich sonst ein Bewusstsein formen, dass die Kraft hat, durch Krisen zu gehen?

Deutschsein heißt nicht Nazisein. Jedoch sind Nazis und alle Rechten Feinde des Volkes. Der Faschismus ist eine italienische Erfindung und Hitler kam als Ausländer nach Deutschland. Diese historischen Fakten müssen erwähnt werden. Genauso wie der Fakt, dass die erste Demokratie nicht scheiterte, weil sie von den Rechten vernichtet wurde, sondern weil sie in den (globalem) Kämpfen zwischen Links und Rechts aufgerieben wurde. Fakt ist: Sie wurde zerstört und wir müssen alles in Bewegung setzen, um zu verhindern, dass diese Demokratie auch fällt.

Um für die Demokratie kämpfen zu können, braucht ein junger Mensch ein entsprechendes Handwerkszeug. Wird ihm oder ihr dies in der Schule vermittelt? Die einzige Antwort ist: absolut Nein! Hier und da wird ein wenig über Demokratie palavert, ihr Wert hochgehalten und ihre Vorteile zitiert. Aber die Jugend wird nicht zu aktiven politischen Kämpfer*innen für die Demokratie ausgebildet.

Studien zum aktuellen Demokratieindex zeigen, dass sich die Lage für die Demokratien weltweit seit Jahrzehnten verschlechtert. Folgt man den Medien, dann hört man, dass die Demokratie in der Türkei und in Ungarn bereits vernichtet ist und dass sie in Polen und in Israel dabei ist, von fundamentalistischen Kräften aufgerieben zu werden. Insgesamt bietet sich ein Bild, in dem die weltweite Demokratiebewegung in die Defensive geraten ist. Viele Länder, die jahrelang dabei waren, demokratische Standards zu etablieren, sind zu Wackelkandidaten geworden. Dies geschieht nicht nur in den wirtschaftlich instabilen Regionen Afrikas und Südamerikas, sondern es passiert auch bei uns in Europa.

Seit den letzten beiden Krisen ist es en vogue geworden, die Demokratie zu kritisieren oder zu behaupten, dass es eigentlich gar keine Demokratie mehr ist, in der wir leben. Bei genauerem hinsehen können wir feststellen, dass die Menschen, die diese Aussagen treffen, meist selbst keine demokratischen Ideale vertreten, bzw. bewusste Anti-Demokraten sind. Zum anderen haben aber auch viele ein falschen Verständnis von Demokratie und das vor allem weil es ihnen in der Schule nicht richtig beigebracht wurde.

Eine Demokratie ist die Selbstverwaltung eines Volkes. Das kann auf mehrere Arten geschehen: Es beginnt bei der repräsentativen Demokratie und geht bis zu anderen Formen wie der Graswurzeldemokratie. Selbst diese beiden Formen können dabei ganz unterschiedlich gestaltet werden. Das entscheidende Element ist, dass die politische Macht auf alle Teile des Volkes gleichmäßig verteilt ist. De facto heißt das, dass jede soziale Gruppe des Volkes die Regierung erlangen kann, insofern sie die demokratischen Gesetze einhält.

Ein anderer wesentlicher Punkt ist der Demos. In unserem Fall ist das das deutsche Volk. In Frankreich die Franzosen und in Kanada die Kanadier. Demokratisch heißt, dass ausschließlich solche Personen, dass Recht zu wählen, als auch gewählt zu werden haben, die etwa in unserem Fall deutsche Kulturträger oder Menschen mit deutschem Bewusstsein oder Indigene sind. Die Grenze ist da scharf und beschränkt sich auf den jeweiligen Demos, weil sonst die Demokratie zerstört wäre. Denn Demokratie bezieht sich auf den Demos. Das ist ein unumstößlicher Fakt.

Heutzutage verwechseln viele die Demokratie mit einem Wohlfahrtsstaat. Tatsächlich ist es so, dass keine Staatsform zuvor ihren Mitglieder so viele Privilegien und Vorteile geboten hat. Das begründet sich zentral darin, dass in der Demokratie jedes Mitglied des Demos zählt. In einem Königreich oder Gottesstaat war das anders; dort zählten nur die Aristokratie oder der Priesterstand zu den Begünstigten des Staates.

Jedoch ist eine Demokratie kein Wohlfahrtsstaat. Beides gleichzusetzen, ist sehr gefährlich. Unsere Demokratie bietet enorme Rechte – mehr als jeder andere deutsche Staat zuvor – und Privilegien. Doch das ist nicht das wahre Wesen einer Demokratie. Zu zulassen, dass die nächste Generation das glaubt, ist sehr gefährlich. Es könnte zum Niedergang der Demokratie führen. Eine Demokratie bietet den Mitgliedern des Demos enorme Rechte, aber sie verlangt von ihnen auch Pflichten.

Das Glück zu haben, in einer Demokratie zu leben, ist ein Geschenk, welches unbezahlbar ist. Es ist die einzige Staatsform, die es bisher gegeben hat, in der es keine Willkür gibt. Nur in der Demokratie war es der Opposition bisher jemals möglich, sicher ihre Position zu vertreten und ihre Anhänger*innen zu versammeln. Und das wichtigste: Die Demokratie ist die einzige Staatsform, in der eine Regierung, egal ob als eine Person, eine soziale Gruppe oder Partei, abgewählt werden kann. Gerade der letzte Punkt macht sie so wertvoll.

Damit dieses politische Wunder überleben kann, muss jedes Mitglied des Demos seine Pflicht erfüllen. Das gilt für die erwachsene Generation und es gilt für die nachwachsende. Diese Pflicht muss bewusst gemacht werden. Innerhalb unserer Demokratie ist es die oberste Pflicht zu verifizieren, dass ein junger Mensch, der die Schule verlässt, diese Pflicht bis ins Mark verinnerlicht hat!

Ich habe überhaupt nicht den Eindruck, dass sich die Verantwortlichen dieser Aufgabe, noch der Bedeutung dieser Aufgabe bewusst sind. Anders kann ich mir die Realität nicht erklären. Ich leugne hier gar nicht, dass jede:r LuL laut Rahmenlehrplan Demokratie in den Unterricht einbauen soll. Aber ist das wirklich genug? Kein geistig gesunder Mensch, welcher über ein ernstzunehmendes, historisches

Bewusstsein verfügt, kann das für ausreichend halten. Denn die Verbrechen, die die Willkürstaaten vor uns begangen haben, sind einfach zu grauenvoll, als dass wir auch nur im geringsten zulassen dürfen, dass es wieder passiert. Und doch sitzen wir hier in Deutschland nach zwei ernsten Krisen und fast ein Viertel des Wahlvolks will wieder Nazis wählen. Wem sollen wir dafür die Schuld geben, wenn nicht denen, die dafür verantwortlich waren, dass alle um die Vorteile der Demokratie und die Nachteile der Diktatur wissen: Das sind die Schulen.

Das Gros der Demokratieerziehung ist wie üblich eine Kopfgeburt, die an der Lebenswirklichkeit der Jugend vorbei geht und sie im Zeitalter der sozialen Medien immer weniger erreicht. Es werden zwar viele Konzepte vorgelegt und Ideen besprochen, um Demokratieunterricht zu gestalten. Aber genau das ist das große Problem: Es sind Konzepte für eine Jugend, die intuitiv und geerdet ist.

Ein Demokrat braucht demokratisches Handwerkszeugs. Eine Demokratin oder welche Geschlechtsidentität sich jemand auch immer gibt, braucht das auch. Das bekannteste ist die Demonstration. Sie hat ihren Wert im Zuge der Wiedervereinigung bewiesen. Doch wird sie an den Schulen geübt? Lernen Kinder praktisch zu demonstrieren? Wird ihnen kleinschrittig beigebracht, wie eine Demonstration vorzubereiten, anzumelden, durchzuführen, zu sichern und nachzubereiten ist? Nein! Das wird den Jugendlichen nicht beigebracht, obwohl jede:r, wirklich jede:r weiß, dass das eines der zentralsten demokratischen Mittel ist; auch weil demonstrieren in Diktaturen nur eingeschränkt möglich ist.

Also warum lassen wir die Klassen nicht demonstrieren? Warum geht eine Schule nicht auf die Straße, um zu zeigen, wie gut sie demonstrieren kann? Warum muss eine Jugend, mit extrem geringer Neigung zu Texten, sich alles nur erlesen und schreibend erarbeiten (was sie dann direkt wieder aus dem Gedächtnis löscht, weil es ihnen nicht entspricht), statt rauszugehen und echt zu demonstrieren, wie es alle große Demokratiebewegungen traditionell getan haben und bis heute tun?

Die Unterschriftensammlung oder Petition ist ein weiteres sehr demokratisches Mittel. Meiner Erfahrung nach kommt sie viel häufiger zum Einsatz. Was sicher daran liegt, dass es auf schriftlicher Basis geschieht. Das ist gut und doch kann auch diese Methode ausgebaut und institutionalisiert werden. Das gute ist, dazu brauchen wir heute nicht mehr Stift und Papier, weil wir alle Handys haben. Handys lassen sich wunderbar nutzen, um Umfragen zu schalten. Einzelne SuS könnten diese Plattform hosten und ihrer Schulgemeinde zur Verfügung stellen. In unseren digitalen Zeiten, vorausgesetzt der Wahrung der Privatsphäre und der Garantie des freien, geheimen und gleichen Wahlrechts, sollte das die zentrale Methode zur Meinungsfindung werden. Übrigens ließe sich so eine Schule wahrscheinlich auch effizienter leiten, als über den beschränkten Kopf eines Leitungsträgers.

Sicher gibt es Jugendparlamente und das ist gut so. Doch es reicht nicht aus, dass einige freiwillige Klassensprecher oder Schulsprecherinnen in den Genuss kommen, praktisch zu erleben, wie ein Parlament funktioniert. Wir müssen allen SuS innerhalb ihres Schullebens diese Erfahrung vermitteln. Sie ist das Zentrum des demokratischen Lebens. Das Parlament ist der Ort, an dem Entscheidungen und Konsens gefunden werden. Dort werden die Gesetze beschlossen, die uns alle verwalten. Wie kann ein junger Mensch die Schule verlassen und nicht in praktischer Form die Grundlage erfahren haben, wie ein demokratisches Parlament arbeitet?

Dies setzt logischerweise einen enormen Aufwand voraus. Ein Parlament braucht nicht unbedingt ein extra Gebäude wie der deutsche Bundestag in der Hauptstadt. Dennoch müssen Räumlichkeiten organisiert und vorbereitet werden. Das ganze kann nicht in dem aktuell normalen Ablauf aus Schulstunden geschehen. Denn der parlamentarische Ablauf muss so realitätsnah wie möglich durchgeführt werden, um den Lernerfolg zu garantieren.

Daneben gibt es noch viele weitere politische Tätigkeiten, die wenn in der Schule geübt und simuliert, eine Vielzahl an demokratischen Fähigkeiten antrainieren. Eine sehr gute Übung wäre das Durchführen einer politischen Kampagne. Die strategischen und planerischen Fähigkeiten, die die Kids dabei anwenden müssten, sind umfangreicher als die jedes normalen Sitzunterrichts im 45 Minuten Modell. Dies führt selbstverständlich zu dem Schluss, dass ein praktischer Demokratieunterricht vielmehr vermittelt als das aktuell vorherrschende Modell.

Was ist das Hauptziel aller demokratischen Erziehung? Diese Antwort ist einfach: Sie müssen demokratisch handeln. Eine demokratische Erziehung war nur dann erfolgreich, wenn die SuS aktiv handeln können und wollen. Solange sie nur wissen, was eine Demokratie ist und wie sie funktioniert. Selbst wenn sie sogar verstehen, was der moralische Wert der Demokratie ist und wieso sie ein so bedeutender Meilenstein in der moralischen Entwicklung der Menschheit ist. Selbst wenn es so weit gekommen ist, hätte der Unterricht dennoch versagt und sein Ziel nicht erreicht. Erst wenn sichergestellt ist, dass eine lebendige Handlungsdisposition anerzogen ist, lässt sich sagen, dass der Demokratieunterricht erfolgreich gewesen ist.

Ein wichtiges Wort zum Abschluss: politisch aktiv zu sein und demokratisch aktiv zu sein, muss zwangsläufig nicht dasselbe sein. Demokratie bedeutet, dass ausschließlich jedes Mitglied des Volkes das Recht hat, politisch aktiv zu werden und sich wählen zu lassen. In einer Diktatur, egal ob Kommunismus, Faschismus, Fundamentalismus, Aristokratie etc., hat nur eine kleine soziale Kaste, Gruppe oder Klasse des Volkes dieses Recht. Doch auch in der Diktatur wird politisch gehandelt. Deshalb zielt jede politische Handlung, die nicht demokratisch ist, darauf ab, anderen Teilen des Volkes das Recht zu nehmen, politisch handeln zu können.

Deshalb ist nicht jede politische Handlung gut. Es gibt auch politische Handlungen, die mit aller Kraft bekämpft werden müssen, etwa die Kriegstreiberei der Rechten oder der Revolutionsgedanke der Linken, weil sie beide zu Gewalt, Terror und Mord aufrufen. Demokratieunterricht ist nicht politischer Unterricht. Denn Demokratieunterricht ist immer im Einklang mit den Menschenrechten und er ist gewaltfrei, tolerant und kompromissbereit.

Schule auf Augenhöhe

Ist die Idee von Hierarchie eine demokratische Idee oder hat die Demokratie sie als Erbe aus der vor-demokratischen Zeit mitgeschleppt? Die Frage ist: Geht Schule ohne Hierarchie? Kann ein Lehrkollegium aus vollkommen gleichrangigen Lehrkräften möglicherweise besser lehren und die SuS auf eine Art erreichen und dadurch einen didaktischen Mehrwert schaffen, der in einer hierarchischen Schule unmöglich ist?

Dieser kleine Abschnitt geht der Frage nach, ob eine Schule auch ohne Hierarchie möglich ist und ob dort genauso effizient und nachhaltig gelehrt werden kann wie in einer hierarchischen Schule. Am Anfang möchte ich an den Artikel Drei des Grundgesetzes erinnern. Wir alle sind vor dem Gesetz gleich. Da das Gesetz die höchste Instanz in unserm Rechtsstaat ist, sind wir in letzter Instanz alle gleich. Jeder Unterschied, etwa ausgelöst durch die Einführung einer Hierarchie, kann nur ein vorübergehend sein, da er sonst den Artikel Drei des GG außer Kraft setzen und die Demokratie annihilieren würde.

In den Medien wird rauf und runter diskutiert, dass wir in Europa und den USA ein Führungskräfteproblem haben. Deshalb möchte ich betonen, dass sich meine folgende Kritik nicht an die eine Hälfte der Führungskräfte innerhalb der Schule richtet, die ihren Job gut machen. Aber wir als Gesellschaft müssen auch endlich ehrlich zu uns sein, dass mindestens die Hälfte der Führungskräfte im System Schule größeren Schaden anrichtet, als sie Nutzen bringt. Das führt auch zwangsläufig zu der Frage, ob es nicht genau diese Führungskräfte waren, die uns mit ihren Entscheidungen in die größte Bildungskrise seit der Gründung des Staates geführt haben?

Was folgt ist die Gegenüberstellung zweier möglicher Schulsysteme. Auf der einen Seite steht das hierarchische Schulsystem, auf der anderen das hierarchiefreie Schulsystem gleichrangiger Mitglieder im Kollegium. Die zwei Gründe für diese Untersuchung sind sofort klar. Meine schlechte Erfahrung mit Vorgesetzten (zuletzt mit einem Mann der offen seine rechtsradikalen Gedanken äußerte) und zum Zweiten die Frage, ob die Idee der Hierarchie nicht eine vordemokratische Idee ist, die dem wahren Wesen der Demokratie widerspricht.

Wir müssen uns kritische Fragen stellen, denn wir stecken in einer Bildungskrise, die, wenn sie weiterwächst, eine Gefahr für die Stabilität des Landes werden kann. Letzteres ist gar nicht pathetisch gemeint. Denn Bildung ist ein zentraler Faktor für den Erfolg einer Volkswirtschaft. Insofern wir es nicht schaffen, mit den globalen Standards mitzuhalten, ist unsere Wettbewerbsfähigkeit gefährdet. Deshalb müssen wir analysieren, was die Ursachen für die Bildungskrise sind und nicht weiter nur die Symptome (Fachkräftemangel, Verhaltensprobleme etc.) bekämpfen. Zwangsläufig führt das zu der Frage, ob die Fehler der Führungsetage die Ursache für die Bildungskatastrophe sind?

Aktuell ist der große Fachkräftemangel zum drängendsten Problem geworden. Er bedroht mittlerweile ernsthaft den Schulbetrieb. In anderen Branchen verhält es sich ähnlich. Was bedeutet das für eine Führungskraft? Platt gesprochen macht es jede Führungskraft in einer Branche mit massivem Fachkräftemangel schon zu einer schlechten Führungskraft, wenn sie das Wohlbefinden der Mitarbeiter nicht zu ihrer primären Hauptaufgabe macht! Praktisch bedeutet das, dass jede Führungskraft in einer Branche mit Fachkräftemangel, die morgens nicht an der Eingangstür steht und ihre Mitarbeiter mit Lächeln und Kaffee oder Tee begrüßt, eine schlechte Führungskraft ist, weil sie dem wirtschaftlich relevanten Faktor Personal für ihr Unternehmen nicht die angemessene Aufmerksamkeit entgegenbringt.

Weder Eltern, noch Schülräte* oder Politikerinnen* lehren in den Schulen. Es sind die LuL. Rektorate müssten sie an die oberste Stelle angesichts der wirtschaftlichen Lage stellen, sonst schaden sie ihrem Unternehmen. Praktisch würde das bedeuten, dass ein guter Rektor(in) jeden Morgen am Eingang steht und die LuL mit Lächeln und Frühstück begrüßt. Ich sage das hier doppelt, weil es echt kein Witz ist. Die ökonomische Realität des Fachkräftemangels ist so groß, dass eine Führungskraft, die diese Leistungen nicht für ihre Mitarbeiter bringt, eine Belastung für ihr Unternehmen wird, da sie keine echten Maßnahmen ergreift, um Mitarbeiter an das Unternehmen zu binden. Ein kleiner Tipp am Rande: Der Grund warum Mitarbeiter in einem Betrieb bleiben und sogar noch überdurchschnittlich motiviert arbeiten, heißt Wertschätzung.

Wir befinden uns auf einem Markt. Jedes Unternehmen muss sich auf diesem Markt behaupten, falls es nicht bankrott gehen will. Auch die Schule ist ein Unternehmen. Doch auf den ersten Blick scheint es, dass sie sich nicht auf einem Markt befindet, da sie vom Staat getragen wird und sie sich nicht mit der Konkurrenz messen muss. Doch das ist ein gefährlicher Irrtum. Denn die Schule befindet sich auf einem Markt und sie steht in Konkurrenz!

Die Schulen unseres Staates befinden sich auf einem Weltmarkt der Systeme. Auf diesem müssen alle miteinander konkurrieren. In den letzten Jahren haben mich immer mehr Augenzeugenberichte erreicht, um wie viel besser die schulischen Rahmenbedingungen in anderen Staatsformen sind. Das betraf vor allem die technische Ausstattung und die Wertschätzung. Einige dieser Staaten sind in den letzten Jahren zu bedeutenden Wirtschaftsmächten aufgestiegen;

nachdem sie einige Jahrzehnte vorher diesen Status noch nicht hatten. Unsere Wirtschaft macht hingegen nur kleine Fortschritte. Aktuell stagniert sie. Von dieser Korrelation lässt sich nicht zwangsläufig eine echte Kausalität ableiten. Dennoch ist diese Entwicklung bedenklich.

Wir konkurrieren mit anderen Staatssystemen wie dem Kommunismus, den Aristokratien, dem Fundamentalismus oder anderen Arten von Autokratien. Die Schule spielt in diesem Konkurrenzkampf eine wichtige Rolle. Lange ist es den Demokratien gelungen, eine breite Bildung zu gewähren, die zu breitem wirtschaftlichen Erfolg der Bevölkerung geführt hat. Das war ein Aushängeschild der Demokratien. Doch das ändert sich. Die Schulen erreichen das heute nicht mehr so gut wie noch vor ein paar Jahrzehnten.

Überall wird von der Führungskrise gesprochen. Begonnen hat es scheinbar mit der letzten großen Finanzkrise, als eine Bank nach der anderen gerettet werden musste und vielen Leuten danach auffiel, dass die Manager oft unbeschadet davon kamen. Kurz zum traditionellen Zweck der Führung: Führung bedeutet, dass irgendjemand die Verantwortung übernimmt. Ist er erfolgreich, wird er belohnt. Versagt er, dann wird er seines Amtes enthoben. Das ist eine der Kernursachen für das Führungsprinzip. In unserer Zeit scheint das seine Bedeutung verloren zu haben. Schlechte Führungskräfte müssen selten für ihre Fehler geradestehen. Auch in der Schule ist das so. Fährt eine Rektor*in eine Schule gegen die Wand, kann sie nicht zurückversetzt werden in ihre vorherige Position als „normale" Lehrerin. Das ist faktisch gar nicht vorgesehen. Doch das macht das System schwach und ineffizient. Es ist ökonomisch dumm.

Eine Firma versagt und geht bankrott. Das ist auf dem Markt die Regel. Doch was passiert, wenn eine Schule versagt und „bankrott" geht? Erst einmal passiert nichts. Es läuft einfach weiter und die nächste Generation SuS wird durch diese „kaputte" Schule geschleust. Das Fazit sind die unzufriedenen Ausbildungsstätten und Universitäten. Denn die Beschwerden häufen sich, dass die Jugend inkompetent an den Stätten ihrer Berufsausbildung ankommt.

Die Frage, die leider nie gestellt wird, ist: Braucht eine Schule eine Leitung? Anders gefragt: Kann eine Schule so organisiert werden, dass die Aufgaben, die eine Schulleitung macht, auch ohne Leitung erledigt werden? Die Antwort ist einfach: Es muss selbstverständlich möglich sein. Was sind die zentralen Aufgaben einer Schulleitung: Zuerst steht da das Verwalten. Dann kommt die Mitarbeiterführung. Auch Marketing fällt in ihren Aufgabenbereich, womit gemeint ist, dass eine Schulleitung, die Schule nach außen repräsentieren muss. Des weiteren gibt es noch viele weitere Bereiche, etwa die Zusammenarbeit mit externen Kooperationspartnern und Zulieferern.

Ist für eine dieser Aufgaben Hierarchie eine notwendige Voraussetzung? Absolut nicht. Kann jede dieser Aufgaben auch von solchen Personen durchgeführt werden, die keine Leitungsfunktion haben. Das ist selbstverständlich möglich und geschieht in vielen Betrieben tagtäglich. Doch wenn es auch so geht, warum sollten wir Steuerzahler*innen dafür extra zahlen? Es ist eine Illusion, die ausschließlich die Folge der Tradition ist, aber keinen tieferen Sinn hat. Weil es immer so war, ernennen wir jemand zur Leitung, um diese Aufgaben zu übernehmen. Doch diese Tradition stammt aus einer Zeit vor der Demokratie, sie ist kein inhärenter demokratischer Bestandteil. Vielmehr noch muss an dieser Stelle gesagt werden, dass es gerade die starke Hierarchie in diesen Vor-/ bzw. Nicht-Demokratien war, welche so häufig Kriege ausgelöst hat. Denn starker Hierarchie wohnt immer eine erhöhte Kriegsgefahr inne.

Rektor*innen sind meines Kenntnisstandes ausschließlich studierte Lehrer und Lehrerinnen. Im Studium lernen wir LuL zu erziehen und zu bilden. Das sind die Kompetenzen, die wir im Studium und im Referendariat erwerben. Dort werden wir jedoch nicht zu Verwaltungsfachkräften ausgebildet. Doch die Kernaufgabe einer Schulleitung ist die Verwaltung.

Natürlich durchlaufen alle Schulleitungen eine Fortbildung. Ich habe sogar eine dieser Fortbildungen mitgemacht. Es war eine sehr angenehme Atmosphäre und ich habe mich wirklich wohl gefühlt. Doch inhaltlich war ich schockiert. Ich kann bis heute nicht verstehen, wie eine der Dozent*innen glauben kann, dass das dort vermittelte auch nur ansatzweise ausreicht, um eine gute Führungskraft zu werden. Im Besonderen wurden keinerlei Strategien vermittelt, um mit den spezifischen Problemen unserer Zeit umzugehen.

Der Umfang dieser Fortbildung entspricht ungefähr dem Umfang, welchen ein Quereinsteiger*in absolvieren muss, um Lehrer*in zu werden und es stimmt tatsächlich: Fachlich richtig betrachtet, handelt es sich bei allen Rektor*innen um Quereinsteiger*innen. Es sind keine Fachkräfte, sondern Quereinsteiger*innen die eine Zusatzqualifikation erhalten haben, aber für ihre Aufgaben kein grundständiges Studium durchlaufen haben. Dabei ist das Verhältnis ähnlich wie bei uns regulär ausgebildeten Lehrkräften. Die zusätzliche Ausbildung der Quereinsteiger*innen reicht im Durchschnitt fachlich und qualitativ nicht an unser Regelstudium heran. Eine große Zahl an Studien belegt das bezogen auf den Effekt bei den SuS.

In den Zeiten als es zu viele LuL gab, machte es sicher Sinn, einigen die Verwaltung zu übertragen. Doch heute ist der Fachkräftemangel so groß, dass wir am Limit stehen; manche prognostizieren sogar schon den Kollaps des Schulsystems als Folge des Fachkräftemangels. LuL als Quereinsteiger*innen in Verwaltungsbereichen einzusetzen, egal ob im Schulamt, dem Senat oder in der Schule ist da einfach hirnrissig. Es macht definitiv Sinn die A15 wieder zurück in die Schule zum Unterrichten zu schicken, deren Aufgaben ausgebildetem Fachpersonal zu übertragen, um so wirklich etwas gegen den Fachkräftemangel zu tun.

Wir stecken in einer Krise. Das ganze Land diskutiert über die Ursachen. Doch nirgends höre ich die Frage, ob die Führungskultur schuld ist an der Bildungskatastrophe. Doch diese Frage müssen wir uns als Volk endlich stellen. Denn wenn sie die Ursache ist, dann finden wir die Lösung dieser Krise nur dort. Ist sie es nicht, dann ist es trotzdem wichtig, dass wir lernen, es zu hinterfragen, weil wir einfach keine blinden Flecken zulassen dürfen.

Wenn ich das kritisch angehe, will ich damit nicht die Arbeit der einen Hälfte guter Schulrektorate schlecht machen. Wir brauchen sie und sie sind wichtig. Doch die Folgen all der schlechten Arbeit der anderen Hälfte sind eine Ursache für unsere Krise. Denn es ist eine abschreckende Schulkultur entstanden. Die Folge ist, dass junge Menschen keine Lehrer und Lehrerinnen mehr werden wollen. Die Folge ist, dass das Ansehen der LuL im gesamten Volk auf ihrem tiefsten Stand seit der Einführung der Volksschule ist. Die Folge ist, dass wir Schüler und Schülerinnen durch das System Schule peitschen und sie am Ende so ungebildet und wenig kompetent rauskommen, dass unser Wirtschaftsstandort gefährdet ist. Die Folge ist, dass Schule ihre demokratische Grundfunktion nur unzureichend erfüllt.

Die Umgestaltung zu einer hierarchiefreien Schule würde sehr viel Arbeit und Ressourcen kosten. Wahrscheinlich ist unter den aktuellen Bedingungen eine hierarchiefreie Schule nur mit erheblichem Mehraufwand zu betreiben. Digitale Techniken und Apps könnten das in naher Zukunft ändern. Sie könnten demokratische Prozesse im gesamten Kollegium etablieren und so effiziente, präzise und schnellstmögliche Entscheidungsprozesse initiieren, die Entscheidungen und ehemalige Leitungsfunktionen genauso gut möglich machen wie jetzt die Rektorate.

Braucht eine Demokratie Hierarchie, ist die Frage, die am Abschluss steht? Da alle Aufgaben, die derzeit mithilfe von Hierarchie abgearbeitet werden, auch ohne Hierarchie bearbeitet werden könnten, braucht Demokratie keine Hierarchie. Sie kann eine Hierarchie haben, weil es einen gesellschaftlichen Konsens gibt, dass sie Hierarchie will. In unseren Schulen sollten wir nach diesem Konsens fragen, denn das wäre das Zeichen einer reifen Gesellschaft. Zuerst sollten wir ein effizientes hierarchiefreies System für die Schulen entwickeln und dann die Kollegien und die anderen Gremien fragen, welchen der beiden Wege sie gehen wollen.

Erinnere dich!

Sich zu erinnern, ist eines der größten Geschenke des Lebens. Ich glaube, die Gedächtnisleistung ist die wichtigste Voraussetzung, um ein reflektiertes und selbstbestimmtes Leben führen zu können. Erst die Fähigkeit sich erinnern zu können, eröffnet uns den Zugang zu unserer sozialen Umwelt. Mag auf den ersten Blick die Fähigkeit, sich erinnern zu können, nur als eine unter vielen Fähigkeiten erscheinen, so ist sie doch die Basis nahezu all der anderen Fähigkeiten, Kompetenzen und Skills.

Von Natur aus haben wir Menschen eine natürliche Anlage, uns zu erinnern. Unser Gedächtnis ist weiter entwickelt als dass jeder anderen biologischen Spezies der Erde, die wir bisher entdeckt haben. Unsere Fähigkeit uns Dinge merken zu können, macht uns Menschen so einzigartig. Diese natürliche Anlage ist jedoch nur der Ausgangspunkt. Denn das Gedächtnis kann ausgebaut, trainiert, konditioniert und zu Höchstleistungen motiviert werden.

Ein gutes Gedächtnis ist im Alltag für vieles hilfreich. Leider zeigt die derzeitige Generation im Vergleich zu vorherigen, dass es ihr immer schwerer fällt, sich Dinge zu merken. Im Land herrscht eine rege Diskussion darüber, was die Ursachen sind. Eine große Fraktion gibt den sozialen Medien die Schuld. Das allein greift mir zu kurz. Obwohl es doch augenscheinlich ist, dass die sozialen Medien eine der Ursachen sind.

Ein Grund sind die oberflächlichen Medieninhalte. Ich will jetzt nicht darüber diskutieren, ob es Medieninhalte gibt, die dümmer machen. Für mich ist das eine bewiesene Tatsache. Schließlich gibt es sogar Bücher, die dümmer machen je öfter man sie liest. Ich glaube nicht, dass jede Form von digitalem Content dümmer macht oder das Gedächtnis schädigt. Jedoch tun es einige.

Es ist nicht anders als wie bei den Printmedien. Bücher und Magazine, die zur Zerstreuung dienen, angefangen bei Sport- und Modezeitschriften bis hin zur Pornographie steigern sicher nicht die Intelligenz noch die Gedächtnisfunktion. Dafür würde es die Philosophiezeitung oder das Sudokuheft sicher tun.

Social Media besteht leider meist aus oberflächlichem, sehr stumpfsinnigem Content. Unter keinen Umständen steigert das die Intelligenz. Zudem ist der Fluss an Informationen, der auf Jugendliche über die gängigen Plattformen einströmt gigantisch. Diese riesigen Datenmengen übersteigen alles, was frühere Generationen verarbeiten mussten und es ist unmöglich diese ganzen Informationen zu speichern. Mehr als eine oberflächliche emotionale Reaktion ist nicht drin. Zusätzlich fördern diese Medien Suchtanfälligkeit massiv. Was sehr gefährlich für unsere Jugend ist.

Ich erinnere mich an Artikel aus meiner Kindheit, in denen festgestellt wurde, dass die Geschwindigkeit der Bilder im TV verhindert, dass Informationen langfristig im Gehirn gespeichert werden können. Als Jugendlicher war ich ein Viel-TV-Gucker und kann dieses Vorurteil bestätigen. Es wird mit den sozialen Medien nicht anders sein. Tatsächlich schließe ich mich jenen an, die der Meinung sind, dass Social Media die Gedächtnisleistung nachhaltig verschlechtert.

Was passiert, wenn unser individuelles und kollektives Gedächtnis nachlässt? Die größte Gefahr ist, dass wir die Fehler der Vergangenheit wiederholen, weil wir vergessen haben, dass wir sie gemacht haben oder schlimmer noch weil wir nicht mehr verstehen, warum sie Fehler waren. Aus Deutscher Sicht wäre das existenzbedrohend. Leider zeigt die Realität genau dieses Bild, wie ich weiter oben schon einmal anführte, weil aktuell fast ein Viertel der Deutschen Wahlberechtigten bereit wären, eine faschistische Partei zu wählen.

In unserm speziell deutschen Fall ist ein gutes Gedächtnis überlebensnotwendig. Doch auch neben dieser Dramatik ist es für das Leben wichtig und es hat negative Folgen, wenn wir über kein gutes Gedächtnis verfügen. Das beginnt beim Vergessen des Geburtstages uns nahestehender Menschen, was dazu führt, dass sich unsere Beziehungen verschlechtern. Es geht bis zum Scheitern in Abschlussprüfungen und Examen. Denn weil wir uns nicht mehr gut genug an das erinnern, was wir geübt haben, fallen wir durch die Prüfung und ruinieren unsere Karriere.

Im Grunde funktioniert unser Gedächtnis wie ein Muskel. Seine Kapazität ist begrenzt, aber lässt sich durch intensives Training deutlich steigern. Leider wird in unseren Schulen immer mehr auf Gedächtnistrainings verzichtet. Das beste Beispiel ist Geschichte: Das stupide Auswendiglernen von Jahreszahlen wurde verbannt. Ein Fehler wie ich finde. Denn bei dem angeblich stupiden Auswendiglernen der Zeitpunkte historischer Daten wurde auch das Gedächtnis trainiert. Kritiker*innen haben es abgeschafft, weil sich dadurch kein tiefes, vernetztes Verstehen ausbildet (wie ich finde, auch ein Trugschluss). Aber sie haben damit das Kind mit dem Bade ausgekippt.

Denn Verstehen und das richtige Erkennen von Sinn und das reflektierte, moralische Schlussfolgern setzen auch ein gut funktionierendes Gedächtnis voraus. Es ist sinnlos, die

Kids immer wieder zu tollen moralischen Schlüssen zu führen, wenn sie es dann wieder vergessen. Das hat keinen nachhaltigen Mehrwert. Dennoch wird zunehmend weniger Zeit in das gezielte Training des Gedächtnisses gesteckt. Als ob die Verantwortlichen vergessen hätten, wie wichtig es ist, sich zu erinnern.

Das Gedächtnis ist wie ein Muskel und es schmerzt, wenn wir ihn trainieren. Es ist anstrengend. Ich glaube, viele Kritiker*innen haben deshalb so intensiv gegen gezielte Gedächtnistrainings gewettert, weil sie sich an die schlechten Gefühle ihrer eigenen Schulzeit erinnern. Aber ohne Schweiß gibt es keinen Preis.

Das Gedächtnis ist die Basis für jedes Lernen. Sich zu erinnern ist eine Grundeigenschaft jeglicher Intelligenz. Wir jagen unsere Jugend durch das System Schule und am Ende kommen sie raus und haben alles vergessen. Ich habe schon mit so vielen Leuten gesprochen – sobald man erwähnt, dass man Lehrer ist, fühlen sich die anderen immer geneigt einem zu erzählen, wie sie ihre Schule fanden und welchen Effekt ihre Schulzeit auf sie hatte – die mir erzählt haben, dass sie fast alles, was sie in der Schulzeit gelernt haben, wieder vergessen haben.

Ich habe grundsätzlich gar nichts gegen das Bulimielernen. Denn im Leben ist es oft so, dass wir kurzfristig eine enorm große Datenmenge aufnehmen, verarbeiten und anwendbar machen müssen; die wir dann kurz nach der Aktion wieder vergessen können. Aber das darf nicht alles sein. Nur das gefühlt unser Unterricht ab Sek. 1 überwiegend nach diesem Muster testet.

Wir als Schule sind kein Selbstläufer. Wir erziehen fürs Leben und bilden für die Zukunft aus. Unser Erfolg bemisst sich definitiv daran, wie gut es uns gelingt, sicherzustellen, dass unsere Lerninhalte den ehemaligen SuS maximal lange im Gedächtnis erhalten bleiben. Getestet wird das leider nicht. Aber ich kann mir gut vorstellen, dass wenn eine große Stichprobe ehemaliger SuS getestet würde, es schockierend wäre, wie wenig sie noch wüssten.

Wenn der Sinn des Gelernten innerhalb der Schule nur darin besteht, innerhalb der Schule erfolgreich zu sein, dann ist das Bildungssystem Schule quasi redundant. Schule hat die Aufgabe die Jugend auf ihr Leben vorzubereiten. Dies gelingt nur, wenn das Gelernte über die Schulzeit hinaus behalten wird. Rückblickend auf die letzten drei Jahrzehnte scheint es mir so, dass es so anfing, dass die SuS immer mehr Inhalte vergaßen. Neben den Bildungsinhalten vermitteln wir natürlich auch noch unsere Kultur und Umgangsformen. Mittlerweile wirkt es so, als ob sie auch das vergessen. Wer nicht weiß, wovon ich rede, soll doch bitte einmal in eine zehnte Berliner Klasse gehen und sich die Arbeitshaltung und die Umgangsformen angucken.

Doch es gibt Lichtblicke. Nein, ich meine jetzt leider nicht im aktuellen Schulsystem, denn da sieht es stockfinster aus. Ich meine die große Anzahl an Wegen, um sein Gedächtnis zu trainieren. Manche davon sind wirklich hart und gehen an die Grenze der Belastbarkeit. Das wäre nur etwas für echte Nerds. Doch es gibt sauviele Gedächtnisspiele. In den Kitas und Primarstufen werden die gut genutzt, während es bei den Großen nur Ausnahmen sind. Warum? Ist das nicht toll, es gibt Spiele, die unsere Kids klüger machen. Die können wir doch täglich spielen und das ganz besonders in den Sekundarstufen.

Die einfachen Spiele gehen los bei dem beliebten Memory in all seinen Varianten. Es geht bis zu klassischen Spielen wie dem Schach. Natürlich bietet auch der Computer eine Vielzahl an Möglichkeiten. Es ließen sich ganze schulinterne Plattformen hochziehen, auf denen die Kids während der Schulzeit spielen könnten. Das wäre doch ein Win-Win für jeden. Die Kids dürfen ans Handy und sie lernen dabei, so wie wir Erwachsene das wollen!

Ohne ein gutes Fundament steht kein Haus. Ohne gutes Gedächtnis gibt es keinen Lernfortschritt. Es ist der Grund, auf dem unser Verstehen gebaut ist. Aktuell geben wir alles, weil wir wollen, dass die Kids verstehen und reflektieren können. Die Leute, die dafür argumentieren, tun ganz richtig daran, für diesen Weg zu kämpfen. Doch sie vergessen, dass die Basis allen Verstehens und jeder moralisch richtigen mentalen Reflexion das Erinnern ist. Deshalb können sie sich stundenlang vor die Kids hinstellen und mit ihnen das Schlussfolgern üben. Wenn die SuS kein gutes Gedächtnis haben, werden sie eine Woche später in ihrer einen Stunde Fachunterricht wieder stehen und feststellen, dass sie von vorn anfangen können, weil sich keine:r aus der Klasse mehr daran erinnert, was sie vor einer Woche gemacht haben. Und Tacheles gesagt: Das erleben wir LuL andauernd und dieses Phänomen nimmt zu und es war nicht so schlimm, als wir selbst noch Schüler waren. Wenn ich mich daran erinnere, was meine verstorbene Oma noch alles aus den Inhalten ihres Schulunterrichts wusste, dann muss es früher sogar deutlich besser gewesen sein!

Zukunftslicht

Die Schule von morgen wird kommen. Sie kann nicht dieselbe Schule sein, die wir heute kennen. Denn die Zukunft wird anders sein als die Gegenwart, weil die Gegenwart anders ist als die Vergangenheit. Dennoch lassen sich einige Entwicklungen beobachten und noch viel wichtiger: Wir können spekulieren und träumen, wie die Schule der Zukunft aussehen wird.

Was ich mir wünsche, ist eine Schule in der Zukunft in der SuS und LuL endlich glücklich sind. Aus meinem Studium weiß ich, dass es eine solche Zeit noch nie gegeben hat. Weder heute noch in den letzten hundertfünfzig Jahren war das jemals der Fall. Wie ich im ersten Abschnitt ausführte, habe ich definitiv den Eindruck, dass die bisherigen „Schulmacher*innen" nicht einmal versucht haben, das Glück unserer Kinder an erste Stelle zu stellen. Ich hoffe, die Zukunft wird das ändern.

Wenn wir an die Zukunft der Schule denken, dann fallen uns zumeist die technischen Veränderungen ein, die dann anders sein werden. Tatsächlich haben wir in den letzten zwei bis drei Jahrzehnten erlebt, wie sich unsere gesamte Gesellschaft unter der Führung des Internets transformiert hat. Es ist zum alles bestimmenden Faktor geworden. Auch innerhalb der Schule wird es immer mehr zu einer Innovation mit disruptivem Charakter.

Die Medaille der Technik hat wenig überraschend zwei Seiten. Wir haben hier die eine Seite der totalen Überwachung und maximalen Fremdsteuerung durch Medien, staatliche Organe und permanente Werbung. Ich werde mich darüber jetzt nicht auslassen; rate allerdings dringend zur Lektüre des Romans 1984, der immerhin schon in den 1940er Jahren geschrieben wurde. Mein Blick auf die Entwicklung der technischen Möglichkeiten im Lernumfeld Schule sieht vielmehr die Möglichkeiten und Chancen.

Keine Frage, falls es unsere Schule schaffen will, jemals zeitgemäße Techniken zum pädagogischen Mehrwert für die SuS einzusetzen, dann muss das gesamte System Schule und die Kultur, aus der heraus Schule gemacht wird, eine vollständige Kehrtwende hinlegen. Schon jetzt ließe sich die Schule mit den vorhandenen Möglichkeiten völlig neu gestalten. Es wäre sowohl möglich, Freiräume zu schaffen, in denen individuelles Lernen möglich ist. Genauso kann die digitale Welt ein Sprungbrett sein, um ganzheitliches Lernen endlich in den Schulen zu etablieren. Die digitale Welt bietet sogar den Interessierten die Möglichkeit, den gesamten Tag zu lernen und durch automatisierte Apps, den Lernerfolg zu überwachen, zu individualisieren und leicht zu benoten.

Ich glaube, das altmodische Bild der Lehrkraft mit zwei Fächern wird und muss sich neu erfinden. Ich denke, wir LuL werden in einer hoch-computerisierten Welt langfristig nur dann unsere Existenzberechtigung behalten, wenn wir uns von den alten Wissensvermittlern zu Lernspezialisten wandeln. Der Lernspezialist braucht keine zwei Fächer mehr. Ihr Kompetenzspektrum erlaubt ihr in überschaubarer Zeit, die Inhalte des jeweiligen Faches lehrbereit aufzunehmen. Wer an Berliner Brennpunktschulen unterrichtet, muss das sowieso schon seit Jahren, weil die Rektorate einen ständig ungewollt fachfremd einsetzen.

In dem Sinne wie jetzt braucht ein Lernexperte oder eine Lernspezialistin kein festes Fach mehr. Ihr Schwerpunkt ist nicht die Vermittlung eines festen Bildungskanons. Ihre

Fähigkeit ist das Lernen auf einem Niveau, wie es nur Profis können. Der Lernspezialist zeichnet sich sowohl dadurch aus, dass er seinen SuS das Lernen lehrt. Aber entscheidend an ihm oder ihr ist, dass sie selbst auf einem Niveau lernen kann, wie es nur gut ausgebildeten Lernprofis möglich ist. Das beinhaltet das schnellstmögliche Aufnehmen von Informationen. Die Fähigkeit es mit bestehendem Wissen zu vernetzen und es dann in Handlungen ausführen zu können.

Die Idee des Bildungskanons beruhte auf der Annahme, dass es ein begrenztes und überschaubares Wissen gibt, das gesamtgesellschaftliche Relevanz besitzt. Doch ein solches Wissen gibt es nicht mehr. Wer daran glaubt, der lebt noch in einer Welt, die längst nicht mehr existiert. Denn seit der letzten Jahrtausendwende erleben wir eine Flut neuen Wissens. In immer neuen Rekordzeiten verdoppelt sich der weltweite Wissensschatz. Niemand kann damit mithalten.

Was bleibt ist die Fähigkeit mit Wissen moralisch reflektiert und handlungsbezogen umzugehen. Das hat nichts mehr mit der Vermittlung des alten Bildungskanons zu tun. Es ist eine vollständige neue Art des Umgangs mit Wissen nötig. Denn die Quantität und Qualität des Wissensschatzes der Erde scheint sich tatsächlich fast exponentiell zu steigern. Die Auswirkungen auf unser aller Leben sind so gewaltig, dass ich nur prognostizieren kann: Die Volkswirtschaft einer Demokratie ist zum Scheitern verurteilt, wenn sie an dem Modell des Konsens-Wissenskanons und den bisherigen Vorstellungen von Lehren festhält.

Ich fände es auch schön, wenn wir Freunde werden. In der Uni haben sie mir beigebracht, mich niemals mit SuS anzufreunden, weil das die professionelle Distanz nimmt. Mal davon abgesehen, dass unsere Jugend keine sterilen

Patienten sind; mir fällt einfach kein guter Grund ein, warum ich nicht mit jedem befreundet sein sollte. Klar geht das in der Praxis nicht, weil es echt doofe Arschlöcher gibt und damit meine ich nicht nur die Nazis und religiösen Extremisten. Aber grundsätzlich fällt mir kein guter Grund ein, warum ich mich grundsätzlich davor verschließen sollte, mit den Mitgliedern einer sozialen Gruppe Freundschaft zu schließen. Meiner Meinung nach sind Freundschaften die Säule einer heilen und gesunden Gesellschaft und ein Hauptziel einer lebenswerten Demokratie.

Wohin uns der Fluss der Zeit auch weht, feststeht, dass wir Schmiede unseres eigenen Schicksals sind. Tun wir nichts, dann ist das auch eine Art von tun, doch sie führt dazu, dass sich die Dinge nicht unseren Wünschen entsprechend entwickeln. Die Schule der Zukunft wird sich als Produkt eines aktiven Gestaltungsprozesses herauskristallisieren. Das trifft auch auf die Schule von heute zu. Weil wir uns als LuL-Kollektiv nicht intensiv genug daran beteiligt haben und die Bildung unserer demokratischen Schule den Händen von Schreibtischtäter*innen und exponierten Eliten überlassen haben, ist ein Ort entstanden, von dem immer mehr LuL bezweifeln, dass sie unter diesen Umständen bis zur Rente durchhalten können. Wollen wir für uns als auch für die zukünftige Generation an LuL einen Ort schaffen, an dem die Arbeit leicht von der Hand geht, an dem Lernen auf hohem Niveau geschieht und trotzdem SuS und LuL glücklich sind und harmonieren; dann müssen wir aufstehen, uns in die Hände spucken und aus dem Stein der Zeit diese Schule meißeln.

Ganz einfach: Die Vergangenheit bedingt die Zukunft. Wir als reflektierende Lebensformen sind allerdings dazu in der

Lage, die Vergangenheit zu analysieren und Fehler zu identifizieren. Wir sind auch kreativ genug, Ideen zu spinnen und Projekte zu starten, die die Fehler der Vergangenheit in etwas transformieren, was besser ist als die Vergangenheit. Es ist unserer Spezies zu eigen, immer danach zu streben, es besser zu machen. Auch wir LuL, als wesentlicher Teil des Schulinventar,s sollten mehr danach streben, die Zukunft aktiv zu gestalten. Klar, das ist echte Mehrarbeit. Doch ich prophezeie, dass wird uns die Erfüllung bringen, die wir uns wünschen. Damit meine ich übrigens nicht die Art der Schulgestaltung, zu der uns die Rektorate in den letzten Jahren verdonnert haben. Denn die waren Ausdruck der Kopf gemachten Schule, die die Krise ausgelöst hat. Schule wird zu jeder Zeit nur gute Schule sein, wenn sie mit dem Herz gemacht wird.

Abschließend werfen wir einen Blick auf die Frage, ob eine Schule der Zukunft überhaupt noch Lehrer und Lehrerinnen braucht? Die Antwort hängt von dem Lehrertyp ab, über den wir reden. Zu keiner Zeit haben wir die Lehrer gebraucht, die militärisch streng sind und mit dem Rohrstock erziehen. Und wer jetzt denkt, dass ist sowieso nur ein Relikt der Vergangenheit, dem muss ich sagen, dass meine Frau aus einem Land kommt, wo das bis heute die tägliche Praxis ist. Es gibt auch in Deutschland politische Kräfte, die sich so ein militärisches Klima für Staat und Schule zurückwünschen.

Nein. Diesen Typ Lehrer, der prügelt und sich als eine Autorität versteht, die niemals in Frage gestellt werden darf, braucht eine gute Schule der Zukunft nicht. Aber wie sieht es mit dem heute vorherrschenden Typ an LuL aus? Lässt sich das überhaupt verallgemeinern? Das ist eine schwere Frage. Jedoch gibt es unübersehbar unter den LuL im Schuldienst dominante Merkmale. Wenn ich das zusammenfassen würde, würde ich es das bürgerliche Ideal oder den bürgerlichen Typ nennen. Damit meine ich gar nicht den gut-bürgerlichen Biedermeier, denn auch in der Hauptstadt sind fast alle Lehrkräfte, die ich kenne der bürgerlichen Kultur zugehörig. Ohne weiter auf die Spezifika dieser Variante an LuLs eingehen zu wollen, finde ich nicht, dass eine gute Schule der Zukunft auf diesen LuL-Typ bauen sollte, falls sie wirklich glücklich und effizient werden will.

Die Frage, ob wir in Zukunft noch Lehrer und Lehrerinnen in der Schule brauchen, begründet sich natürlich durch die rasante Entwicklung der Technik, im Besonderen der digitalen Technik. Es wird bald einen Punkt Null oder einen Punkt of no Return geben, ab dem es mithilfe technischer Geräte möglich sein wird, Schule komplett ohne LuL zu machen. Wie ich schon sagte: Bleibt der bürgerliche Stil der vorherrschende, dann werden die LuL obsolet werden. Doch es gibt LuL Typen, die werden auch dann noch gebraucht werden, falls sie nicht sogar wichtiger werden, als jemals zuvor.

Ich habe dazu wirklich viele Ideen im Kopf. Tatsächlich wäre theoretisch die Palette an Möglichkeiten grenzenlos. Mit dem Wandel vom Fachlehrer*in zur Lernspezialist*in habe ich bereits einen Ansatz skizziert. Ich will den jetzt nicht weiter ausbauen. Stattdessen will ich zum Zitat am Anfang der Abhandlung springen. Dort steht, dass die Rettung unserer Schule (aktuell muss sie gerettet werden, denn sie steht an dem tiefen Abgrund einer Bildungskatastrophe) mit dem Herz geschehen muss und nicht mit dem Kopf erdacht werden kann. Das Herz ist natürlich ein Symbol für eine verstehende Empathie. Es ist die Kraft, in die ich die größte

Hoffnung stecke, dass sie uns aus der Krise heraus und hinein in das Schulparadies führen kann.